Lao Zi (Laotse)

Der Urtext

Übersetzt und kommentiert
von Wolfgang Kubin

HERDER

FREIBURG · BASEL · WIEN

MIX
Papier aus verantwortungsvollen Quellen
FSC® C083411

2. Auflage 2014

www.herder.de

Umschlagmotiv: Shen Shichong: Landschaft, Ausschnitt aus einer Handrolle, 1631.

Satz: SatzWeise, Föhren
Herstellung: CPI books GmbH, Leck

Printed in Germany

ISBN 978-3-451-30502-3

Inhaltsverzeichnis

Einleitung

Über keinen chinesischen Philosophen ist so viel geschrieben worden wie über Lao Zi (Laotse), und kein Werk der chinesischen Philosophie ist so oft übersetzt worden wie das ihm zugeschriebene *Daodejing* (alte Schreibweise *Tao Te King*). Es gehört zu den Klassikern der Klassiker. Zwar hat man im Laufe der Jahrhunderte immer wieder unter verschiedenen Namen die heiligen Schriften Chinas zusammengefasst, doch wurde drei von ihnen eine Sonderstellung zugewiesen: *Das Buch der Wandlungen, Die Gespräche des Konfuzius* und das *Daodejing* gelten bis heute als die drei Säulen der chinesischen Antike und des chinesischen Geistes.

Selbstverständlich haben die Zeitläufte in der jeweiligen Deutung unterschiedliche Schwerpunkte gesetzt. Im neuen Jahrhundert ist es vor allem der Aspekt der Harmonie, der betont wird. Dabei dreht sich das Denken um die zwischenmenschliche Harmonie, um die Harmonie von Mensch und Natur, von Mensch und Gesellschaft sowie um die innere Harmonie eines jeden Einzelnen.

Neben dem sozialen und menschlichen Aspekt ist da noch der philosophische und ästhetische Aspekt, der im heutigen China wirksam tätig ist. Zwar bietet das *Daodejing* keine Erkenntnistheorie, doch deutet es sehr wohl an, was wir erfahren, aber nicht benennen können: das Tao. Dieses Tao gründet in der »Leere« (kong), daher hat die Leere zur Basis aller menschlichen Aktion zu werden. Das gilt für das Denken ebenso wie für die künstlerische Tätigkeit. Während ein europäischer Philosoph viele Worte macht, verstummt sein chinesischer Kollege lieber.

Während ein europäischer Maler ein Bild gar nicht voll genug malen kann, begnügt sich der chinesische Künstler mit ein paar Strichen.

Obwohl Konfuzius (551–479) die chinesische Welt weit mehr beeinflusst hat als Lao Zi – politisch, kulturell, geistig-seelisch –, scheint insbesondere das Abendland die Lehre vom Tao als wesentlichen Bestandteil ihrer (Übersetzungs-)Kultur verinnerlicht zu haben. Was mag hierfür der Grund sein?

Werfen wir zunächst einen Blick in eine vielfach aufgelegte Bibliographie zu unserem Thema. Bibliographien der Sinologie sind normalerweise etwas für Fachleute, sie verkaufen sich kaum. Das gilt nicht für die *Westliche Taoismus-Bibliographie* des Emeritus für Kirchenrecht an der Universität Nijmegen Knut Walf (geb. 1936). 1986 erschien sie das erste Mal und 2010 bereits in der sechsten Auflage. Sie enthält nur Monographien und wird von einem kleinen wissenschaftlichen Verlag betreut. Sie dürfte eigentlich nicht den anhaltenden Erfolg haben, den sie allen Erwartungen zuwider hat.

Noch mehr Grund zur Verwunderung bietet der dortige Katalog von Übersetzungen des *Daodejing* ins Deutsche. Knut Walf listet insgesamt 103 Übertragungen auf, die zwischen 1870 und 2009 erschienen sind. Davon sind mehrere Ausgaben vielfach aufgelegt worden. Es scheint, dass allein die deutsche Seite von Lao Zi nicht genug bekommen kann und anders als im Falle des Konfuzius ständig nach neuen Sichtweisen verlangt. Doch warum nur?

Inzwischen mögen Lao Zi und der Taoismus auch wissenschaftlich eine deutsche Domäne geworden sein: Rudolf G. Wagner (Emeritus der Universität Heidelberg), Florian Reiter (Humboldt-Universität Berlin) und Hans-Georg Möller (Cork University) haben in den letzten Jahren viele beachtliche Studien vorgelegt, sowohl was den philologischen (Wagner), den historischen (Reiter) als auch den philosophischen (Möller) Aspekt angeht. Dank Philosophen wie Günter Wohlfart, Emeritus der Universität Wuppertal, und Hans-Georg Möller lässt sich heute auch im Abendland Philosophie auf der Basis des *Daodejing* betreiben.

Trotzdem stellt sich uns die Frage: Brauchen wir noch einen neuen Lao Zi, brauchen wir wirklich die mittlerweile 104. Übertragung? Ja, ich denke in gewisser Hinsicht schon, und zwar aus Gründen der »Entmythologisierung«. Lao Zi umgibt eine zu große Aura des Geheimnisvollen, die möglicherweise seiner überwältigenden Rezeption in deutschen Landen vorgearbeitet hat. Es ist daher vielleicht an der Zeit, ihn auf den Boden der Tatsachen zurückzuholen. Bei meinem Unterfangen verlasse ich mich selbstverständlich auf die Vorarbeiten all derjenigen, die ihre Auseinandersetzung mit dem *Daodejing* am Original betrieben haben. Die nicht wenigen Zweitübersetzungen und die mitunter nicht unerheblichen Deutungen auf der Basis von Übertragungen anderer kommen allerdings für unsere Betrachtung nicht in Frage: Sie fördern zwar interessante Gesichtspunkte zu Tage, verhelfen aber nicht zu einer kritischen Sicht der Dinge.

I

Zur Mythologisierung des Lao Zi haben mehrere beigetragen. Der Historiker Sima Qian (um 145–um 85) war einer der ersten. Er hat der Nachwelt eine vermeintliche Biographie[1] hinterlassen, die andere gern weitergesponnen haben. Es ist dies insbesondere die von ihm ins Werk gesetzte Sage von der Abfassung des *Daodejing*, die Bertolt Brecht (1898–1956) zum Anlass für sein gro-

---

[1] Zu einer neueren Übersetzung s. Robert G. Henricks: Lao Tzu's Tao Te Ching. A Translation of the Startling New Documents Found at Guodian. New York: Columbia UP 2000, S. 133–136.

ßes Gedicht »Legende von der Entstehung des Buches Taoteking auf dem Weg des Laotse in die Emigration« (1939) nahm. Was der Historiker andeutet, erhebt der Dichter zum Gleichnis: So wichtig ein Autor für die Niederschrift eines Klassikers sein mag, so wichtig sind auch die äußeren Umstände – es bedarf eines Passes, um aufgehalten zu werden, und es verlangt nach einem Zöllner, der weiß, was dem Menschheitserbe verloren gehen würde, wenn der Reisende, ohne etwas zu hinterlassen, seinen Weg fortsetzen würde.

Schenkten wir Sima Qian und Bertolt Brecht Glauben, so müsste es Lao Zi als Person wirklich gegeben haben. Auch sein großer Kommentator Wang Bi (226–249) war der Ansicht, dass eine einzige Person namens Lao Zi uns tatsächlich das *Daodejing* in 81 Abschnitten als eine durchkomponierte und in sich stimmige Lehre hinterlassen habe. Was nun das Biographische angeht, da scheiden sich seit gut hundert Jahren die chinesische und die westliche Sinologie erheblich. Der Tenor chinesischer Forscher geht relativ einheitlich dahin, in Lao Zi einen Denker zu sehen, der in Bozhou, im heutigen Luyi der Provinz Henan, um 500 v. Chr. geboren worden ist. Er war Archivar der Zhou-Dynastie (1046–256) und trat als Lehrer von Konfuzius hervor. Die lange Tradition der Textkritik erlaubt der westlichen Chinawissenschaft dagegen manchen Zweifel und damit die Trennung von Werk und Autor. Da ist zum einen die Tatsache, dass sich bei Sima Qian hinter der Gestalt des Lao Zi drei verschiedene Personen mit unterschiedlichen Lebensdaten verstecken. Seinen »Historischen Aufzeichnungen« (Shiji, 100 v. Chr.) nach müsste der wirkliche Lao Zi 160 bis 200 Jahre alt geworden sein.

Zweifel sind aus unserer Sicht auch nach den Funden von Guodian in der Provinz Hubei angebracht. Der auf Bambustäfelchen 1993 gefundene und 1998 edierte *Urtext* wird auf 350–300 v. Chr. datiert, der auf Seide überlieferte und 1973 in Mawangdui bei Changsha entdeckte Text kann für 168 v. Chr. angesetzt werden. Letzterer kommt dem *textus receptus* sehr nahe, wie er seit der Han-Zeit mehr oder minder verbindlich überliefert worden ist.[2] Zwischen den Funden von Guodian und Mawangdui liegen mindestens 150 Jahre. Da der Urtext jedoch als Ganzes und im Detail bruchstückhaft ist und alles andere als eine gedanklich in sich geschlossene Form aufweist, muss von mindestens zwei verschiedenen Verfassern ausgegangen werden. Realistischer wäre es jedoch, eine große Verfasserschaft anzusetzen: Was sich im Urtext des *Daodejing* an Spruchgut angesammelt hat, wurde über die nachfolgenden Jahrzehnte von vielen weiter ergänzt und zu guter Letzt vielleicht von einer einzigen Persönlichkeit in die heute bekannte Form gebracht. So gesehen hat es einen Lao Zi nie gegeben, oder wenn doch, so muss er der vorletzte Redakteur gewesen sein, denn die heutige Form des *Daodejing* wird dem Kommentator Liu Xiang (um 76–um 6 v. Chr.) zugeschrieben, der den überlieferten Corpus nach den Prinzipien von Yin und Yang geordnet und in die magische Zahl von 81 Abschnitten eingeteilt haben soll.

Wir müssen uns nicht nur von der Person des Lao Zi verabschieden, sondern auch von der Vorstellung, es bei dem *Daodejing* mit einem in sich geschlossenen und eindeutigen Werk zu tun zu haben. Die Ambivalenz ist seit Wang Bi bekannt. Daher gibt es so viele Kommentare und so viele Übersetzungen. Jeder hofft, etwas klarer machen zu können, was sich letzten Endes gar nicht endgültig klären lässt. Mit der Offenheit des Textes mag jedoch kaum jemand leben. Dabei hätte die Philosophie am Ende des 20. Jahrhunderts in unserem Fall von großer Hilfe sein können, denn diese vertritt die Auffassung, dass jeder Text sich erst im Akt des Lesens herstelle und dass es nie einen für heute und für immer festlegbaren Inhalt gebe.

---

[2] Zu den sechs Standardausgaben s. Michael Loewe (Hg.): Early Chinese Texts. A Bibliographical Guide. Berkeley 1993, S. 271–280.

II

Was heißt nun Urtext? Fundort ist wie gesagt das Dorf Guodian, welches heute zur Stadt Jingmen Shi in der Provinz Hubei gehört. In seiner Nähe befand sich einst die Hauptstadt des Königreiches Chu, namens Ying. Da das Reich 278 v. Chr. erobert und der Herrschersitz zerstört wurde, sind entsprechend alle Funde vor 278 v. Chr. anzusetzen. Bei dem Gräberfeld muss es sich also um einen Bestattungsort von Aristokraten bzw. Höflingen handeln. In unserem Falle lässt sich mutmaßen, dass der Urtext des Lao Zi einem Lehrer der Adelskinder in den Sarg mitgegeben wurde.

In Guodian Cun fanden sich bislang insgesamt 804 Bambustäfelchen mit mehr als 12.000 Schriftzeichen, darunter war auch die früheste heute bekannte Version des *Daodejing* mit 71 Täfelchen. Die auf den Bambus gemalten Zeichen unterlagen selbstverständlich noch keiner späteren Schriftreform, sie unterscheiden sich daher von der Schreibweise, welche unter dem ersten Kaiser von China (reg. 221–210) allgemein verbindlich wurde. Die im Urtext verwendeten Zeichen versteht heute nur der Fachmann, daher sind sie entsprechend für das bessere Verständnis und um der allgemeinen Lesbarkeit willen in die heute übliche Schreibung von Langzeichen und Kurzzeichen umgesetzt worden. Da die Auffassungen der Schriftgelehrten jedoch variieren, sind die von der Fachwelt erstellten Lesetexte nicht immer identisch, zumal überall dort nicht, wo keine Eindeutigkeit zu gewinnen war.

Ich habe daher auf der Basis der einschlägigen Sekundärliteratur (s. Literaturverzeichnis) eine chinesische Fassung in Kurzzeichen zu erstellen versucht, die mir – so weit, wie das möglich war – stimmig erschien. Was der chinesische Text im Folgenden bietet, kann daher nur als ein Vorschlag betrachtet werden. Ich war mir der Schwierigkeit meiner Aufgabe bewusst und hätte dieser ohne die genannten Vorarbeiten nicht halbwegs gerecht werden können.

Der Urtext des Lao Zi besteht aus drei Bündeln, die man mit den Buchstaben A, B und C markiert. Ihnen werden jeweils 39, 18 und 14 Täfelchen zugerechnet. Rechnet man den »Anhang« von C, die Schöpfungsgeschichte »Das Ureine gebiert das Wasser«, nicht mit, kommt man also auf insgesamt 71 Tafeln. Diese 71 Täfelchen enthalten ein Gedankengut, welchem sich nur 31 Kapiteln des *textus receptus* zurechnen lassen. Was sind daraus für Schlüsse zu ziehen? Haben wir es hier mit einer Vorstufe oder nur mit einer unvollständigen Abschrift des taoistischen Klassikers zu tun? Ich gehe von einer Vorstufe aus. Wer mit den Augen eines an den chinesischen Klassikern geschulten Lesers in den Urtext schaut, gewinnt sehr bald den Eindruck, der oder die Verfasser beherrschten noch nicht so recht ihre sprachlichen Ausdrucksmittel; die Sätze wirken oft unvollständig, die Sprachführung fällt seltsam unbeholfen aus, und vor allem scheint es an dem zu mangeln, was dem *Daodejing* weltweit zu seinem Siegeszug verholfen hat: der Tiefe, die man bei der Lektüre einer Standardversion erwarten würde.

Doch der Urtext des *Daodejing* lässt sich auch von einem anderen Blickwinkel aus betrachten. Wer sich heute nämlich mit der chinesischen Geistesgeschichte beschäftigt, nimmt oftmals wie selbstverständlich einen Gegensatz von Taoismus und Konfuzianismus an. Beide hat es natürlich so zu Zeiten von Konfuzius und Lao Zi, wenn Letzterer denn gelebt haben sollte, nicht gegeben. Sie wurden erst durch die Nachgeborenen und geistigen Schüler zu dem, was sie heute sind: zu Antipoden. Die Kritik, die der *textus receptus* hie und da an den Lehren des Konfuzius übt, hat im Urtext kein Pendant, ja mitunter liest sich dieser gar freundlich, was die konfuzianischen Maximen Mitmenschlichkeit (ren) und Rechtlichkeit (yi) betrifft.

III

Die drei verschiedenen Traditionen des *Daodejing* unterscheiden sich zwar formal sehr stark voneinander, aber nicht unbedingt inhaltlich. Im Falle des Fundes von Guodian ist keine besondere Anordnung der Textabfolge zu erkennen, so dass sich die Forscher auch die Frage zu stellen beginnen, ob man es in diesem Fall überhaupt mit einem einzigen Buch zu tun hat und nicht vielleicht eher mit drei verschiedenen »Büchern«. Sinnvoller als eine solche Frage scheint mir die u. a. geäußerte These von einer beliebigen Sammlung von »Lieblingssätzen« zu sein. Eine solche Annahme würde natürlich voraussetzen, dass aus einem größeren Fundus eine Auswahl getroffen worden ist und dass das *Daodejing* von Guodian nicht den Stand der Dinge darstellt, sondern nur einen Teil des bislang bekannt gewordenen Klassikers. Denkbar wäre in diesem Zusammenhang auch eine Annahme von Lehrmaterialien, für die Kinder des Königshauses von ihrem Lehrer zusammengestellt.

Wenn auch in diese Dinge gegenwärtig keine Klarheit hineinzubekommen ist, so bleibt der formale Unterschied zur Fassung von Mawangdui und zum *textus receptus* so augenfällig wie erhellend. Was über mehr als zweitausend Jahre in und außerhalb von China bis heute rezipiert worden ist, ist das, was unter dem Namen *Daodejing* als »Der Klassiker vom Tao und von der Wirkkraft« überliefert worden ist. Dieser Name hat etwas mit der Anordnung der Abschnitte zu tun. Unsere Standardausgaben lassen nämlich auf die Ausführungen zum Tao (1–37), also auf das *Daojing*, auf den »Klassiker vom Tao«, die Ausführungen zur Wirkkraft (38–81), also das *Dejing*, den »Klassiker zur Wirkkraft«, folgen. In der Fassung von Mawangdui ist die Abfolge umgekehrt, so dass der Titel *Dedaojing* lauten müsste: der »Klassiker von der Wirkkraft und von dem Tao«.

So oder so geben beide Fassungen eine klare Ordnung zu erkennen, als Ganzes und auch im Einzelnen. Davon kann wie gesagt bei dem Fund von Guodian überhaupt nicht die Rede sein.

Nicht nur als Ganzes wirkt er im Vergleich wie ein Bruchstück, auch Abschnitt für Abschnitt erscheint er als ein großes Fragment. Die Leserschaft kann sich davon leicht ein Bild machen, indem sie den in Klammern von mir beigefügten römischen Ziffern nachgeht, welche auf die Nummerierung in gängigen deutschen Übersetzungen (nach chinesischen Standardversionen) verweist. So lässt sich leicht erkennen, was die Texte aus Guodian alles fehlen lassen bzw. besser gesagt noch nicht aufzuweisen haben.

Für mich ist im Gegensatz zur konservativen Forschung der Fall eindeutig: Der Urtext des Lao Zi steht noch ganz am Anfang eines Unterfangens, das erst gut hundert Jahre später dank genialer Gemeinschaftsproduktion bzw. einer, zweier geschickter Hände die endgültige Form gewinnt, die wir heute alle bewundern.

Gleichwohl gibt das früheste *Daodejing* alle Themen und Formen zu erkennen, die seinen eigenen Charakter ausmachen. Zunächst zu den formalen Aspekten: Der Heidelberger Sinologe und Dichter Günther Debon (1921–2005) hat sicherlich die sprachlich schönste Übersetzung unseres Gegenstandes nach der Standardversion vorgelegt. Er hat zu reimen verstanden und hat auf Grund der Reime die für uns zunächst kaum nachvollziehbare Entscheidung getroffen, Texte des Lao Zi mit in seine prachtvollen Anthologien chinesischer Dichtkunst aufzunehmen. Ja, werden wir fragen, ist denn das *Daodejing* nicht Philosophie, warum wird es dann aber in seiner Obhut zur Poesie?

Zwei Gründe mögen für den Reim und auch noch für weitere dichterische Kunstgriffe anzuführen sein: die orale Tradition und die Tradition des Kultischen. Viele Texte der chinesischen Antike sind zunächst mündlich überliefert worden und haben erst zur Han-Zeit mit Hilfe des Philologen, Kommentators und Editors Liu Xiang ihre uns heute selbstverständliche Form gefunden, die wir wenig hinterfragen. Bis dahin war der Reim ein probates Mittel für die Memorierung und Überlieferung. Der zweite Grund scheint mir jedoch gewichtiger zu sein. Der Reim war an den Kult gebunden, die ersten gereimten »Texte« haben ihren Ort im Ahnentempel. Dort wurden sie den Ahnen dargebracht bzw. vorgetragen und gesungen. So gesehen würde der Reim das *Daodejing* zu einem heiligen Text machen. Als solcher ist es von nicht wenigen auch aufgefasst worden. Wir wollen diesen Gedanken jedoch hier nicht weiter vertiefen, da der Grund der Betrachtung kein allzu sicherer ist.

Im Gegensatz zu Rudolf G. Wagner gehe ich beim Urtext nicht von dem durchkomponierten Gedankengang eines (einzigen) Denkers aus. Für mich besteht der Text, wie er hier präsentiert wird, aus nichts anderem als aus gereimtem Spruchgut, zu dem viele beigetragen haben. Die einzelnen Sprüche, zwischen zwei und vier Zeilen, sind formal wie inhaltlich stark durch ein ausgeprägt kosmologisches Denken gebunden: Der Parallelismus, die Technik des Kontrastes und die vielen kosmologischen Figuren folgen ihrem Gegenstand, dem Tao, welches sich als Interaktion von Yin und Yang veranschaulicht. Es liegt dem ein binäres Denken zugrunde, welches wir schon aus dem *Buch der Wandlungen* kennen.

Thema ist zunächst ein Dreifaches: die Herrschaft (zhiguo), die Kosmologie, d.h. das Verhältnis vom Tao zu der Welt der Erscheinungen (wanwu), und die Selbstkultivierung (des Herrschers). In letzterem Fall spielen drei Ideale eine große Rolle: das Geschehenlassen (wuwei 无为), die Schlichtheit (pu 朴) und die Genügsamkeit (zhizu 知足).

Wuwei, die Kardinaltugend des Taoismus, wird oft mit »nicht tun« übersetzt. Das ist jedoch nicht ganz richtig. Gemeint ist, man solle in den Gang der Dinge nicht (unnötig) eingreifen, sondern die in allen Dingen tätige Wirkkraft (de) sich selber entfalten lassen. Mit der Schlichtheit ist die Befreiung von jeglicher Kultur und Zivilisation angesprochen: Beides würde den Menschen seiner wahren Natur entfremden.

Im Zeichen für *pu* hat sich die Vorstellung eines unbehauenen Holzklotzes bewahrt. Alles, was unbearbeitet ist, ist »natürlich«. Natürlich in dem Sinne, dass es alle Möglichkeiten bietet, sich zu diesem oder zu jenem weiterverarbeiten zu lassen. Wenn es jedoch eine bestimmte Gestalt angenommen hat, dann ist es »diese« Gestalt und kann nicht auch noch »jene« sein. In diesem Sinne steht *pu* für das Einfache, Schlichte, Rohe.

Die Genügsamkeit (zhizu), gleichzeitig ein konfuzianisches Erziehungsziel, versteht sich von selbst: Man muss wissen, wie weit man gehen darf, wann man sich zurückziehen muss etc. Dieses setzt eine genaue Kenntnis der Dinge und der in ihnen wirksamen Kräfte voraus. Dieses Wissen kann man durch die Pflege der eigenen Person erlangen und so zur Verkörperung von Tao und De werden. Der wahre Herrscher hat wie das Tao keinen Namen und ist dem Volk unbekannt. So wie das Tao durch die Wirkkraft (de) die Mutter von allem wird, so wird der Herrscher, dem der Himmel eben diese Wirkkraft schenkt, zum Vater der Menschen.

Das *Daodejing* ist also ein Fürstenspiegel? Ursprünglich sicherlich, aber es hat viele weitere Facetten, philosophische, religiöse und sexuelle. Die Gemeinschaft von Yin und Yang, d. h. die Manifestation des Tao, ist immer auch die Gemeinschaft von Mann und Frau. Lao Zi plädiert insofern für die Zeugung von Nachwuchs. Dies ist eine wichtige geistige Quelle, um den Kinderreichtum in China bis heute verstehen zu können. Aber da ist auch der philosophische Aspekt: Durch das Zusammenspiel von »Sein« (you 有) und »Nichtsein« (wu 无) entsteht die Welt der Erscheinungen. Wu bedeutet zwar lexikalisch »es gibt nichts«, aber philosophisch bedeutet es nicht »nichts«, es ist vielmehr das Potenzial, das in allem steckt, um alle Möglichkeit sein zu können. Durch die Aktivierung einer von vielen Möglichkeiten tritt etwas von ihm hervor, das als Gestaltetes sichtbar wird und als solches »ist« (you). Damit verliert es aber die Möglichkeit, wie das Tao alles zu »sein«, als realisiertes Etwas ist es nur dieses eine. Prinzip des chinesischen Denkens und Lebens ist es daher, sich so weit wie möglich dem Ausgestalteten zu entziehen. Und zu guter Letzt ist da die religiöse Seite: Die Magier (fangshi) der

Han-Zeit nahmen sich der Lehre vom Tao an, um die Aussicht auf ein langes Leben bzw. gar auf die Unsterblichkeit zu verkünden. In chiliastischen Bewegungen des frühen Mittelalters wurde Lao Zi gleichsam zum Messias erhoben. Bei Hofe war er die Inkarnation des Gelben Kaisers, ja – verwirrend genug – sogar von Buddha. So oder so wandelte sich das Bild des vermeintlichen Verfassers unseres *Daodejing* vom Denker zur Gottheit und zum Religionsstifter.

Die Übersetzung des Urtextes des Lao Zi bot eine besondere Schwierigkeit, die noch nicht angesprochen worden ist. Im Angesicht von 103 bereits bestehenden Übertragungen, wovon etwa ein halbes Dutzend vorzüglich zu nennen ist, kann mir keine neue Version gelingen, die alles Bisherige hinter sich lässt. Ich habe mich daher entschieden, möglichst einfach und nachvollziehbar vorzugehen. Wer daher nach wie vor Richard Wilhelm, Günther Debon oder Hans-Georg Möller den Vorzug gibt, befindet sich in guter Gesellschaft. Auch mir waren und sind nicht nur diese drei ein großes Vorbild. Ich hoffe, ich habe hier meine Lektion in Sachen Selbstgenügsamkeit hinreichend gelernt.

Dem Herder-Verlag, insbesondere Lukas Trabert, habe ich zu danken, denn ohne das Haus und das Lektorat, ohne die stille Ermutigung zu meinem Tun hätte ich diese (viel zu) große Arbeit an der ältesten Textfassung des Lao Zi sicherlich nicht auf mich genommen. In fachlicher Hinsicht bin ich wie üblich von dem Sprachwissenschaftler Zang Kehe an der Pädagogischen Hochschule für Ostchina in Shanghai und von dem Philologen Wang Jinmin an der Universität Peking beraten worden.

Wolfgang Kubin, Bonn im Frühjahr 2011

Literaturverzeichnis

Csikszentmihalyi, Mark / Ivanhoe, Philip J. (Hg.): Religious and Philosophical Aspects of the Laozi. Albany: State University of New York Press 1999.

Debon, Günther: Lao-Tse. Tao-Tê-King. Das heilige Buch vom Weg und von der Tugend. Stuttgart: Reclam 1967.

Ess, Hans van: Der Daoismus. Von Laozi bis heute. München: Beck 2011.

Henricks, Robert G.: Lao Tzu's Tao Te Ching. A Translation of the Startling New Documents Found at Guodian. New York: Columbia UP 2000.

Hou, Cai: Die Bambustäfelchen Laozi. Texte mit Textkritik und Anmerkungen. Berlin: LIT 2008.

Lau, D. C.: Tao Te Ching. A Bilingual Edition. Hongkong: Chinese UP 2001 (Paperback Edition).

Li, Ling: Guodian Chujian jiaodu ji. Peking: Renmin Daxue 2007.

Loewe, Michael (Hg.): Early Chinese Texts. A Bibliographical Guide. Berkeley 1993.

Möller, Hans-Georg: Laotse Tao Te King. Nach den Seidentexten von Mawangdui. Frankfurt: Fischer 1995.

Ders.: Laozi. Freiburg: Herder 2003.

Pregadio, Fabrizio (Hg.): The Encyclopedia of Taoism. 2 Bde. Abingdon: Routledge 2008.

Reiter, Florian C.: Laozi interkulturell gelesen. Nordhausen: Bautz 2008.

Simon, Rainald: Laozi Daodejing. Chinesisch-deutsch. Stuttgart: Reclam 2009.

Wagner, Rudolf G.: The Craft of a Chinese Commentator. Wang Bi on Laozi. Albany: State University of New York Press 2000.

Ders.: Language, Ontology, and Political Philosophy in China. Wang Bi's Scholarly Exploration of the Dark (Xuanxue). Albany: State University of New York Press 2003.

Ders.: A Chinese Reading of Daodejing: Wang Bi's Commentary on the

Laozi with Critical Text and Translation. Albany: State University of New York Press 2003.
Walf, Knut: Westliche Taoismus-Bibliographie. Sechste verbesserte und erweiterte Auflage. Essen: Blaue Eule 2010.
Wilhelm, Richard: Tao Te King. Das Buch des Alten vom Sinn und Leben. Jena: Diederichs 1923.
Xin, Zhanjun: Lao Zi yizhu. Peking: Zhonghua Shuju 2008.

Hinweise zur Aussprache der chinesischen Eigennamen und Termini

Die in diesem Buch verwendete Lateinumschrift für die chinesischen Eigennamen und Termini ist die amtlich in der VR China anerkannte Lateinumschrift *Hanyu Pinyin*. Im Folgenden wird nur auf die wichtigsten und vom Deutschen abweichenden Buchstaben und Buchstabenkombinationen Bezug genommen.

b, d, f, g, k, l, m, n, p und *t* entsprechen in ihren Lautwerten in etwa dem Deutschen.

Abweichend vom Deutschen ist auf die Lautwerte folgender Konsonanten und Konsonantenbündel hinzuweisen:

Konsonant	Aussprachehinweis
c	wie *tz* in *Sitzhöhe*
ch	wie *tsch* in *Patschhändchen*
h	wie *ch* in *Buch*
j	wie *j* in engl. *jeep*
q	wie *tj* in dt. *Tja*
r	wie *r* in engl. *right*
s	wie ss in dt. *muss*
sh	wie *sch* in *Schnee*
x	wie *ch* in *ich*
z	wie zz in *Pizza*
zh	wie *dsch* in *Maharadscha*

Für die Vokale und Vokalkombinationen gelten folgende vom Deutschen abweichende Aussprachehinweise:

Vokale	Aussprachehinweise
i	wie *i* in Fieber; nach *c, ch, r, s, sh, z* und *zh* nicht gesprochen
u	wie *u* in *Hut*: nach *j, q, x, y* wie *ü* in *über* gesprochen
ie	wie *je* gesprochen
ue	wie *ü + e*
ai	wie *ai* in *Mai*
uai	wie engl. *why*
ei	wie *eh* in *Reh*
ui	wie engl. *way*
ao	wie *au* in *Raum*
ou	wie *ow* in engl. *low*
iu	wie *eo* in engl. *Leo*
ian	wie *jen* in japan. *Yen*
en	wie *en* in *Namen*
eng	etwa wie *öng*
ong	wie *ung* in *Adelung*
iong	wie *jung*

Das erste Buch

绝智弃辨，
Jue zhi qi bian,

民利百倍．
min li bai bei.

绝巧弃利，
Jue qiao qi li,

盗贼无有．
dao zei wu you.

绝伪弃虑，
Jue wei qi lü,

民复孝慈．
min fu xiao ci.

三言以为使不足，
San yan yi wei shi bu zu,

或令之有呼嘱：
huo ling zhi you hu zhu:

视素抱朴，
Shi su bao pu,

少私寡欲．
shao si gua yu.

Lass fahren die Klügelei, verwirf die Spitzfindigkeit,
das Volk wird hundertfach Nutzen tragen.
Lass fahren die Schläue, verwirf den Vorteil,
es wird kein Räuberpack mehr geben.
Lass fahren alles Falsche, verwirf die Berechnung,
das Volk wird Pietät haben, mitleidig sein.
Diese drei Lehren reichen nicht hin für unseren Auftrag,
so gib Anweisungen aus, mahne die Welt:
Hegt das Einfache, pflegt das Schlichte,
mindert den Eigensinn, macht gering die Gier. (1.1)

Kommentar

Dieser Eingangstext versammelt so viele bekannte Einsichten des Taoismus, dass sein Charakter als Spruchgut von der ersten bis zur letzten Zeile offensichtlich ist. Verständnisschwierigkeiten bietet nur das Schriftzeichen 利 (li), welches hier unterschiedliche Bedeutung zu haben scheint. Dem damaligen philosophischen Zeitgeist war es als »Nutzen« zuwider. Hier scheint es diese negative Konnotation nur im zweiten Falle (hier: »Vorteil«) zu haben und im ersten Falle (hier: »Nutzen«) positiv zu verstehen sein.

Inhaltlich bietet der Text für unser heutiges Verständnis nicht viel Neues. Jegliches Wissen wird als Irrweg abgelehnt, die Kultur als Verzerrung empfunden. Die Triebe des Menschen gilt es, wie im frühen »Konfuzianismus«, im Zaum zu halten. Wer hier angesprochen wird bzw. sich angesprochen fühlt, solle sich dem Natürlichen überlassen. Zeichen dieses Natürlichen ist alles, was nicht bearbeitet (pu 朴) worden ist und noch in seinem Urzustand verbleibt.

Merkwürdigerweise wird im vorliegenden Fall Pietät (xiao 孝) nicht als Kulturprodukt, sondern als der natürliche Teil eines Menschen betrachtet. Ähnliches gilt für das Mitleid (ci 慈), allerdings lässt sich da auf den »zeitgleichen Konfuzianer« Meng Zi (traditionell 372–289) verweisen, der die Fähigkeit, mit einem anderen mitzuleiden, als eine natürliche Anlage verstand.

Richard Wilhelm übersetzt das entsprechende Kapitel des *textus receptus* (XIX) folgendermaßen:

> Tut ab die Heiligkeit, werft weg das Wissen,
> so wird das Volk hundertfach gewinnen.
> Tut ab die Sittlichkeit, werft weg die Pflicht,
> so wird das Volk zurückkehren zu Kindespflicht und Liebe.
> Tut ab die Geschicklichkeit, werft weg den Gewinn,
> so wird es Diebe und Räuber nicht mehr geben.
> In diesen drei Stücken

ist der schöne Schein nicht ausreichend.
Darum sorgt, daß die Menschen sich an etwas halten können.
Zeigt Einfachheit, haltet fest die Lauterkeit!
Mindert Selbstsucht, verringert die Begierden!
Gebt auf die Gelehrsamkeit!
So werdet ihr frei von Sorgen.

江海所以为百谷王,
Jianghai suoyi wei bai gu wang,

以其能为百谷下,
yi qi neng wei bai gu xia,

是以能为百谷王.
shi yi neng wei bai gu wang.

圣人之在民前也,
Shengren zhi zai min qian ye,

以身后之;
yi shen hou zhi;

其在民上也,
qi zai min shang ye,

以言下之.
yi yan xia zhi.

其在民上也,
Qi zai min shang ye,

民弗厚也;
min fu hou ye;

其在民前也,
qi zai min qian ye,

民弗害也.
min fu hai ye.

天下乐进而弗厌.
Tianxia le jin er fu yan.

以其不争也，
yi qi bu zheng ye,

故天下莫能与之争.
gu tianxia mo neng yu zhi zheng.

Ströme und Flüsse sind die Könige aller Täler,
denn sie sind in der Lage, sich niedriger zu machen als ein Tal,
darum vermögen sie die Könige aller Täler zu sein.
Der Heilige steht dem Volke voran,
denn er stellt sich ihm hintan;
er steht über dem Volk,
denn er setzt sich im Wort darunter.
Er steht dem Volk voran
und fällt ihm nicht zur Last;
er steht über dem Volk
und gereicht ihm nicht zum Schaden.
Das Reich fördert ihn gern, ohne seiner müde zu werden.
Er streitet nicht,
daher kann niemand im Reich mit ihm streiten. (1.2)

Kommentar

Der Spruch beginnt mit einer Beobachtung in der Natur und erhebt sich dann zur Idee. Wasser frisst sich bekanntlich auf den Ebenen in die Tiefe und bildet so die Täler heraus. Weil ihnen die Berge nichts entgegensetzen können und weil die Ströme von ihrem Tun nie ablassen werden, wird alles fließende Gewässer übertragen zu Königen, d. h. zu ihren Herren.

Diese Beobachtung wird nun auf den Menschen und die Gesellschaft übertragen. Damit bekommt sie eine moralische Komponente. Der Mensch, der sich wie ein Fluss nicht zu schade ist, in die Tiefe zu gehen und etwas über sich als das Höhere hinauswachsen zu lassen, der hat das Zeug dazu, Herrscher zu werden (jin 进).

Die Frage ist nur, warum funktioniert etwas, das in der Natur angeht, auch in der Welt des Menschen? Wer sich »erniedrigt«, kennt beide Seiten, die Höhen und die Tiefen. Um die Tiefe muss man nicht kämpfen. Um die Höhe, die Vormacht, um das Primat ringt jeder mit einem anderen. Doch auch der Sieger wird einmal abtreten müssen. Wer dagegen nicht streitet, wartet ab, bis sich der andere ermüdet hat bzw. bis man seiner überdrüssig (yan 厌) geworden ist.

Mit *tianxia* 天下 ist alles gemeint, was unter dem Himmel ist. Konkret impliziert dies jedoch: alles, was von der chinesischen Kultur zivilisiert worden ist. Und da alles und jeder zivilisiert werden kann, steht dieses Binom für das chinesische Weltreich, welches erst dort endet, wo der chinesische Einfluss ein natürliches Ende findet.

Wie es zu einem Spruch gehört, lebt der Text von der Wiederholung der Struktur und des Vokabulars. Ein weiteres Bindeglied ist der Reim, der hier nicht nachgeahmt werden konnte.

Richard Wilhelm übersetzt das entsprechende Kapitel des *textus receptus* (LXVI) folgendermaßen:

> Daß Ströme und Meere Könige aller Bäche sind,
> kommt daher, daß sie sich gut unten halten können.
> Darum sind sie die Könige aller Bäche.
>
> Also auch der Berufene:
> Wenn er über seinen Leuten stehen will,
> so stellt er sich in seinem Reden unter sie.
> Wenn er seinen Leuten voran sein will,
> so stellt er sich in seiner Person hintan.
> Also auch:
> Er weilt in der Höhe,
> und die Leute werden durch ihn nicht belastet.
> Er weilt am ersten Platze,
> und die Leute werden von ihm nicht verletzt.
> Also auch:

Die ganze Welt ist willig, ihn voranzubringen,
und wird nicht unwillig.
Weil er nicht streitet,
kann niemand auf der Welt mit ihm streiten.

罪莫厚乎甚欲,
Zui mo hou hu shen yu,

咎莫憯乎欲得,
jiu mo can hu yu de,

祸莫大乎不知足.
huo mo da hu bu zhi zu.

知足之为足,
Zhi zu zhi wei zu,

此恒足矣.
ci heng zu yi.

Es gibt kein größeres Vergehen, als zu viel zu begehren,
es gibt keinen schmerzlicheren Fehler, als gierig zu besitzen,
es gibt kein größeres Unheil, als nicht das rechte Maß zu kennen.
Wer das Maß kennt, dem ist das Maß sein Maß,
und dies ist ein Maß auf immer. (1.3)

Kommentar

Lao Zi wird immer wieder gern Amoralität nachgesagt. In der Tat weiß er einiges gegen das Gute zu sagen, durch welches das Böse erst geschaffen wird. Doch im vorliegenden Fall tritt uns eine höchst moralisierende Stimme entgegen, die weit über das hinausgeht, was die eigentlichen Moralisten wie Konfuzius oder

Meng Zi zu sagen haben. Die Absage an das Begehren (yu 欲) nimmt schon fast die Züge an, welche den Buddhismus des Mittelalters und den Neokonfuzianismus der Neuzeit kennzeichnen: die Aufforderung, jegliches Begehren zu unterdrücken.

Doch so weit geht der Urtext des Lao Zi noch nicht. Er redet mit bekannten Wendungen und im Rahmen einer repetitiven Struktur dem Genüge das Wort: Der Mensch hat sich zu bescheiden und nicht zu viel zu verlangen. So bleibt er unabhängig und ruhig in sich.

Richard Wilhelm übersetzt das entsprechende Kapitel des *textus receptus* (XLVI) folgendermaßen, wobei zu beachten ist, dass hier, wie auch in anderen Kapiteln, der Urtext nur in einzelnen Sätzen dem *textus receptus* entspricht oder nur Anklänge des Urtextes in der Übersetzung von Richard Wilhelm zu finden sind:

> Wenn der SINN herrscht auf Erden,
> so tut man die Rennpferde ab zum Dungführen.
> Wenn der SINN abhanden ist auf Erden,
> so werden Kriegsrosse gezüchtet auf dem Anger.
> Es gibt keine größere Sünde als viele Wünsche.
> Es gibt kein größeres Übel als kein Genüge kennen.
> Es gibt keinen größeren Fehler als haben wollen.
>
> Darum:
> Das Genügen der Genügsamkeit ist dauerndes Genügen.

以道佐人主者，
Yi Dao zuo renzhu zhe,

不欲以兵强於天下.
bu yu yi bing qiang yu tianxia.

善者果而已，
Shanzhe guo er yi,

不以取强.
bu yi qu qiang.

果而弗伐，
Guo er fu fa,

果而弗骄，
guo er fu jiao,

果而弗矜.
guo er fu jin.

是谓果而不强，
Shi wei guo er bu qiang,

其事好长.
qi shi hao chang.

Wer mit dem Tao dem Herrn des Adels beisteht,
wünscht nicht mit Waffen dem Reich Gewalt anzutun.
Wer sich bewährt, trägt Furcht, und mehr bedarf es nicht,
er greift nicht zur Gewalt.

Er trägt Frucht und rühmt sich nicht,
er trägt Frucht und maßt sich nichts an,
er trägt Frucht und ist nicht eitel.

Das heißt Frucht tragen ohne Gewalt,
Dinge wie diese, wenn sie denn gut sind, so währen sie lang.

(1.4)

Kommentar

Das Magische des Textes zeigt sich in der Wiederholung von Vokabular und Struktur. Fünfmal »Frucht« (guo), viermal »Gewalt« (qiang), dreimal »nicht« (fu), was auch als verneinter Imperativ zu deuten wäre, und dreimal ein anderes »nicht« (bu). Hinzu kommen die drei Synonyme für Hochmut in der Mitte.

Die Botschaft ist einfach und zeitlos. In die heutige Sprache übertragen würde sie lauten: »Frieden schaffen ohne Waffen.«

Richard Wilhelm übersetzt das entsprechende Kapitel des *textus receptus* (XXX) folgendermaßen:

> Wer im rechten SINN einem Menschenherrscher hilft,
> vergewaltigt nicht durch Waffen die Welt,
> denn die Handlungen kommen auf das eigene Haupt zurück.
> Wo die Heere geweilt haben, wachen Disteln und Dornen.
> Hinter den Kämpfen her kommen immer Hungerjahre.
> Darum sucht der Tüchtige nur Entscheidung, nichts weiter,
> er wagt nicht, durch Gewalt zu erobern.
> Entscheidung, ohne sich zu brüsten,
> Entscheidung, ohne sich zu rühmen,
> Entscheidung, ohne stolz zu sein,
> Entscheidung, weil's nicht anders geht,
> Entscheidung, ferne von Gewalt.

古之善为士者，
Gu zhi shan wei shi zhe,

必微妙玄造，
bi weimiao xuanzao,

深不可识，
shen bu ke shi,

是以为之容.
shi yi wei zhi rong.

豫乎如冬涉川,
Yu hu ru dong she chuan,

犹乎其如畏四邻,
you hu qi ru wei si lin,

严乎其如客,
yan hu qi ru ke,

涣乎其如释,
huan hu qi ru shi,

敦乎其如朴,
dun hu qi ru pu,

沌乎其如浊.
dun hu qi ru zhuo.

孰能浊以静者,
Shu neng zhuo yi jing zhe,

将徐清.
jiang xu qing.

孰能安以动者,
Shu neng an yi dong zhe,

将徐生.
jiang xu sheng.

保此道者,
Bao ci dao zhe,

不欲尚盈.
bu yu shang ying.

Wer sich im Altertum auf Bildung verstand,
der war notwendigerweise vertraut mit den Mysterien der Welt,
und er war so tief, dass niemand ihn zu erkennen vermochte.
Daher lasst uns Weise wie diesen in ihrer Erscheinung
beschreiben.

Sie waren umsichtig, wie wenn sie des Winters über einen Fluss
setzten,
vorsichtig wie bei der Obacht auf Nachbarn,
ernsthaft wie ein Reisender unterwegs,
willig zu schmelzen wie das Schmelzwasser,
aus geradem Holz wie ein unbearbeitetes Scheit,
trübe wie ein schlammiges Gewässer.

Wer in sich ruht, macht das Trübe
langsam rein.
Wer ruhig ist, schafft Bewegung
und somit langsam Leben.
Wer das Tao hütet,
der begehrt keine Fülle. (1.5)

Kommentar

Wir haben hier einen Text vor uns, der uns andere in Erinnerung ruft. Wir kennen aus den großen Weltreligionen die Aussage, dass das Heilige sich nicht benennen lässt. Man kann es nicht beschreiben, sondern nur umschreiben. Wir wissen auch vom Tao, dass es, wenn es denn benannt werden kann, nicht das Tao ist. So lesen wir im ersten Abschnitt der herkömmlichen Ausgabe des *Daodejing*.

Mit denen, die das Tao in sich tragen, ist es ähnlich. Sie sind so wenig in ihrer Gänze zu erkennen wie das, was sie verkörpern. Auf die Sentenz folgt nun Bild für Bild, das jeweils zum bekannten Spruchgut gehört. Prinzip ist einmal mehr der Kontrast, nicht der Gegensatz. Dass im Trüben das Reine liege, in der Ruhe die Bewegung, ist vom *Buch der Wandlungen* her gut zu verstehen. Nichts tritt plötzlich in Erscheinung, sondern alles bereitet sich langsam in seinem Gegenstück vor. Alles Seiende ist somit eine Sache der Relation und des Ausgleichs augenscheinlicher Extreme.

Richard Wilhelm übersetzt das entsprechende Kapitel des *textus receptus* (XV) folgendermaßen:

> Die vor alters tüchtig waren als Meister,
> waren im Verborgenen eins mit den unsichtbaren Kräften.
> Tief waren sie, so daß man sie nicht kennen kann.
> Weil man sie nicht kennen kann,
> darum kann man nur mit Mühe ihr Äußeres beschreiben.
> Zögernd, wie wer im Winter einen Fluß durchschreitet,
> vorsichtig, wie wer von allen Seiten Nachbarn fürchtet,
> zurückhaltend wie Gäste,
> vergehend wie Eis, das am Schmelzen ist,
> einfach, wie unbearbeiteter Stoff,
> weit waren sie, wie das Tal,
> undurchsichtig waren sie, wie das Trübe.
> Wer kann (wie sie) das Trübe durch Stille allmählich klären?
> Wer kann (wie sie) die Ruhe
> durch Dauer allmählich erzeugen?
> Wer diesen SINN bewahrt,
> begehrt nicht Fülle.
> Denn nur weil er keine Fülle hat,
> darum kann er gering sein,
> das Neue meiden
> und die Vollendung erreichen.

为之者败之,
Wei zhi zhe bai zhi,

执之者失之.
zhi zhi zhe shi zhi.

是以圣人亡为,
Shi yi shengren wu wei,

故亡败,
gu wu bai,

亡执，
wu zhi,

故亡失.
gu wu shi.

临事之纪，
Lin shi zhi ji,

慎终如始，
shen zhong ru shi,

此亡败事矣.
ci wu bai shi yi.

圣人欲不欲，
Shengren yu buyu,

不贵难得之货，
bu gui nande zhi huo,

教不教，
jiao bujiao,

复众之所过.
fu zhong zhi suo guo.

是故圣人能辅万物之自然，
Shi gu shengren neng fu wanwu zhi ziran,

而弗能为.
er fu neng wei.

Wer handelt, der scheitert,
wer etwas umfängt, der verliert es.
Daher handeln die Heiligen nicht,
so scheitern sie nicht,
so umfangen sie nichts,
so verlieren sie nichts.
Wenn eine Sache getan werden soll,
sei umsichtig am Anfang wie am Ende,
dies ist es, was eine Sache nicht scheitern lässt.

Der Heilige begehrt, was niemand begehrt,
er schätzt kein seltenes Gut,
er lehrt, was niemand lehrt,
er korrigiert, wo andere fehlen.
Daher verhilft der Heilige der Welt der Erscheinungen zu ihrem Sein,
ohne einzugreifen. (1.6)

Kommentar

Die Äußerungen scheinen in sich widersprüchlich zu sein. Und zwar auf doppelte Art. Da ist zunächst der normale Mensch, der auf immer zu halten versucht, was er noch nicht einmal in der Zeit halten kann. Da ist der Heilige, der nichts gewinnen will und daher auch nichts verliert. So weit, so gut.

Aber da ist auch noch eine Sache, die vorsichtig angegangen sein will und entsprechend nicht zu scheitern droht. Doch was ist diese? Dies wird uns nicht gesagt!

Überdies begehrt der Heilige doch, wo er gar nicht begehren darf. Doch da er das Nichtbegehren begehrt, begehrt er nichts Falsches.

Wo aber und wie führt der Heilige Maßnahmen durch, welche auf Korrektur aller begangenen Fehler zielen? Das Fehlverhalten der Menschen scheint eine unmittelbare Auswirkung auf die Natur zu haben. Die Korrektur der Fehler verhilft der Welt der Erscheinungen zu ihrem ursprünglichen Zustand zurück. Insofern bedarf die Welt des Heiligen, um ganz die Welt sein zu können.

Im Gegensatz zum »Massenmenschen« (zhongren) ist der Heilige bzw. der Weise ursprünglich eine Gestalt, die aus wenigem Rückschlüsse ziehen und somit Voraussagen treffen konnte. Insofern gewann sie gar prophetischen, mitunter messianischen Charakter. In ihr kommen drei Dinge zusammen: die Gabe zur politischen Herrschaft, höchste Weisheit und moralische Vollkommenheit. Wenn sie auch nur alle 500 Jahre anzutreffen war, so war es nach antiker Auffassung doch jedem gegeben, ein Heiliger zu werden.

Richard Wilhelm übersetzt das entsprechende Kapitel des *textus receptus* (LXIV) folgendermaßen:

> Was noch ruhig ist, läßt sich leicht ergreifen.
> Was noch nicht hervortritt, läßt sich leicht bedenken.
> Was noch zart ist, läßt sich leicht zerbrechen.
> Was noch klein ist, läßt sich leicht zerstreuen.
> Man muß wirken auf das, was noch nicht da ist.
> Man muß ordnen, was noch nicht in Verwirrung ist.
> Ein Baum von einem Klafter Umfang
> entsteht aus einem haarfeinen Hälmchen.
> Ein neun Stufen hoher Turm
> entsteht aus einem Häufchen Erde.
> Eine tausend Meilen weite Reise
> beginnt vor deinen Füßen.
> Wer handelt, verdirbt es.
> Wer festhält, verliert es.
>
> Also auch der Berufene:
> Er handelt nicht, so verdirbt er nichts.
> Er hält nicht fest, so verliert er nichts.
> Die Leute gehen an ihre Sachen,
> und immer wenn sie fast fertig sind,
> so verderben sie es.
> Das Ende ebenso in acht nehmen wie den Anfang,
> dann gibt es keine verdorbenen Sachen.
>
> Also auch der Berufene:
> Er wünscht sich Wunschlosigkeit.
> Er hält nicht wert schwer zu erlangende Güter.
> Er lernt das Nichtlernen.
> Er wendet sich zu dem zurück, an dem die Menge vorübergeht.
> Dadurch fördert er den natürlichen Lauf der Dinge
> und wagt nicht zu handeln.

道恒无为也.
Dao heng wu wei ye.

侯王能守之,
Houwang neng shou zhi,

而万物将自化.
er wanwu jiang zi hua.

化而欲作,
Hua er yu zuo,

将镇之以无名之朴.
jiang zhen zhi yi wuming zhi pu.

夫亦将知足,
Fu yi jiang zhi zu,

知足以静,
zhi zu yi jing,

万物将自定.
wanwu jiang zi ding.

Das Tao greift niemals ein.
Können die Fürsten es wahren,
folgt die Welt der Erscheinungen eigner Wandlung.
Folgt sie ihrer Wandlung, begehrt aber zu tun,
dann ist es an der Zeit, sie niederzuhalten mit dem namenlos
Einfachen.
Man wird dann um das Maß wissen,
wer das Maß kennt, findet in sich zur Ruhe,
und die Welt der Erscheinungen wird aus sich selbst sicher sein.
(1.7)

Kommentar

Neben einer Variation bekannter Gedanken wird hier nochmals die Vorstellung aufgegriffen, dass sich alle Dinge in der (natürlichen) Welt in ihrer Erscheinung wesentlich auch nach dem richtigen menschlichen Sein richten.

Wenn es Prinzip des Tao ist, die Dinge geschehen zu lassen (wuwei 无为), dann ist es die Aufgabe der Herrscher, dieses Tao in seiner spezifischen Art zu bewahren, damit die Dinge sich entsprechend ihrer Natur entfalten können. Tun sie dies nicht, sondern wollen aktiv werden (yu zuo 欲作), dann stimmt etwas in der Welt des Menschen nicht. Einem Herrscher obliegt es dann, der Welt durch das Prinzip der Einfachheit, die keinen Namen hat, nachzuhelfen und sich auf das Prinzip der Genügsamkeit (zhizu 知足) zu berufen. So wird die innere Ruhe wiederhergestellt, welche Folge des Prinzips von Wuwei ist. Alles wird dann wieder »seiner selbst sicher sein« und »sich aus sich heraus bestimmen« (zi ding 自定).

Dieser kleine Passus macht einmal mehr klar, dass der Adressat unseres Textes nicht das »einfache« Volk oder der »einfache« Mann war, sondern der Herrscher, der für alles Wohl auf Erden, in der Gesellschaft wie in der Natur, verantwortlich war.

Richard Wilhelm übersetzt das entsprechende Kapitel des *textus receptus* (XXXVII) folgendermaßen:

> Der SINN ist ewig ohne Machen,
> und nichts bleibt ungemacht.
> Wenn Fürsten und Könige ihn zu wahren verstehen,
> so werden alle Dinge sich von selber gestalten.
> Gestalten sie sich und es erheben sich die Begierden,
> so würde ich sie bannen durch namenlose Einfalt.
> Namenlose Einfalt bewirkt Wunschlosigkeit.
> Wunschlosigkeit macht still,
> und die Welt wird von selber recht.

为无为，
Wei wu wei,

事无事，
shi wu shi,

味无味。
wei wu wei.

大小之多易必多难。
Da xiao zhi duo yi bi duo nan.

是以圣人犹难之，
Shi yi shengren you nan zhi,

故终无难。
gu zhong wu nan.

Handele, ohne zu handeln,
diene, ohne zu dienen,
schmecke, ohne zu schmecken.

Ob groß oder klein, je leichter etwas genommen wird, umso schwieriger wird es.
Daher erachtet der Heilige das Leichte als das Schwere,
und so fällt ihm letztlich nichts schwer. (1.8)

Kommentar

Zu Beginn werden gängige Gedanken des Taoismus variiert, die hier nicht unser Thema sein müssen. Von großem Einfluss auf die Ästhetik und Philosophie ist der dritte Rat gewesen. Das chinesische Denken, die chinesische Kunst mag uns mitunter farblos erscheinen. Doch ihre »Geschmacklosigkeit« (wuwei 无味) ist Prinzip. Heute würde man sagen: Es gilt, Tiefe an der Oberfläche zu verpacken. Dies trifft übrigens mitunter auch auf die chinesische Küche zu. Das Essen von Chaozhou im Südosten von China verzichtet zum Beispiel auf Salz, Sojasoße, Pfeffer etc., damit man die Dinge selbst schmeckt und nicht allein die Geschmacksverstärker, die ja bekanntlich den Eigengeschmack von Speisen vermindern. Dies mag auch beim Denken der Fall sein. Je weniger Gedanken kunstfertig in Worte gefasst sind, umso eher soll man ihnen auf den Grund gehen können.

Der Beginn des zweiten Teils scheint korrupt zu sein. Hier wurde beim Übersetzen gängigen Lesarten gefolgt, die einen Zusammenhang mit dem Folgenden zu geben versprechen. Es ist leicht nachzuvollziehen, dass die Erkenntnis der Relativität von leicht und schwer jede Schwierigkeit zu überwinden hilft. Insofern gibt es für den wahren Menschen nichts auf Erden, was letztlich die Bezeichnung leicht oder schwer verdient.

Richard Wilhelm übersetzt das entsprechende Kapitel des *textus receptus* (LXIII) folgendermaßen:

> Wer das Nichthandeln übt,
> sich mit Beschäftigungslosigkeit beschäftigt,
> Geschmack findet an dem, was nicht schmeckt:
> der sieht das Große im Kleinen und das Viele im Wenigen.
> Er vergilt Groll durch Leben.
> Plane das Schwierige da, wo es noch leicht ist!
> Tue das Große da, wo es noch klein ist!
> Alles Schwere auf Erden beginnt stets als Leichtes.
> Alles Große auf Erden beginnt stets als Kleines.
>
> Darum: Tut der Berufene nie etwas Großes,
> so kann er seine großen Taten vollenden.
> Wer leicht verspricht,
> hält sicher selten Wort.
> Wer vieles leicht nimmt,
> hat sicher viele Schwierigkeiten.
> Darum: Bedenkt der Berufene die Schwierigkeiten,
> so hat er nie Schwierigkeiten.

天下皆知美之为美也，
Tianxia jie zhi mei zhi wei mei ye,

恶已；
e yi;

皆知善，
jie zhi shan,

此其不善已.
ci qi bu shan yi.

有亡之相 生也，
You wu zhi xiang sheng ye,

难易之相 成也，
nan yi zhi xiang cheng ye,

长短之相形也，
chang duan zhi xiang xing ye,

高下之相盈也，
gao xia zhi xiang ying ye,

音声之相和也，
yin sheng zhi xiang he ye,

先后之相随也.
xian hou zhi xiang sui ye.

是以圣人居无为之事
Shi yi shengren ju wu wei zhi shi

行不言之教.
xing bu yan zhi jiao.

万物作而弗始，
Wanwu zuo er fu shi,

为而弗恃也，
wei er fu shi ye,

成而弗居.
cheng er fu ju.

夫唯弗居也，
Fu wei fu ju ye,

是以弗去也.
shi yi fu qu ye.

Versteht ein jeder auf Erden das Schöne als schön,
so ist das Hässliche mit gegeben;
kennt ein jeder das Gute,
so ist das Böse geboren.
Sein und Nichtsein bringen einander hervor,
schwer und leicht vollenden einander,
kurz und lang formen einander,
oben und unten füllen einander,
Klang und Stimme harmonieren miteinander,
früher und später folgen einander.
Daher weilt der Heilige in Diensten, wo kein Tun ansteht,
lehrt, ohne sich der Worte zu bedienen.
Die zehntausend Dinge heben an ohne sein Dazutun,
und wenn er handelt, so gibt es keine Abhängigkeit,
was immer ihm gelingt, ist für ihn kein Grund zum Verweilen.
Und da er nicht verweilt,
bleibt ihm alles. (1.9)

Kommentar

Dieser Abschnitt kommt der unter der Nummer zwei überlieferten gebräuchlichen Version schon sehr nahe. Es geht einmal mehr um das Handeln. Jedes Handeln macht den Handelnden zu etwas Konkretem, welches etwas anderes ausschließt. So steht es auch mit dem Gegenstand, mit dem Menschen, die in ein Handeln eingebunden werden. Sie verlieren alles, was sie sein könnten, und werden nur die eine Sache, welche das Handeln als ihr Ziel vorgibt.

Hier formuliert sich, was später die Angst des Chinesen vor der Gestaltwerdung genannt wurde. Hinter dieser Angst steckt jedoch eine philosophische Erkenntnis. Alles, was eine bestimmte Gestalt annimmt, tritt nicht singulär in Erscheinung, sondern mit seinem Gegenteil binär. Es ist dann nicht mehr eine Gesamtheit, sondern eine Einzelheit, die in einen Kontrast zerfällt.

Der Heilige, der in der Lage ist, die Zeichen der Welt zu deuten, überlässt Ding und Mensch sich selbst zur Entfaltung. Diese Haltung kennt keinen festen Ort zum Verweilen. Wenn man aber nirgendwo weilt, kann von einem auch nichts fortgehen. Dies ermöglicht dem Nichthandelnden, seine Lehre durch seine Haltung zu verkünden, sie bedarf daher der Worte nicht.

Richard Wilhelm übersetzt das entsprechende Kapitel des *textus receptus* (II) folgendermaßen:

> Wenn auf Erden alle das Schöne als schön erkennen,
> so ist dadurch schon das Häßliche gesetzt.
> Wenn auf Erden alle das Gute als gut erkennen,
> so ist dadurch schon das Nichtgute gesetzt.
> Denn Sein und Nichtsein erzeugen einander.
> Schwer und Leicht vollenden einander.
> Lang und Kurz gestalten einander.
> Hoch und Tief verkehren einander.
> Stimme und Ton sich vermählen einander.
> Vorher und Nachher folgen einander.
>
> Also auch der Berufene:
> Er verweilt im Wirken ohne Handeln.
> Er übt Belehrung ohne Reden.
> Alle Wesen treten hervor,
> und er verweigert sich ihnen nicht.
> Er erzeugt und besitzt nicht.
> Er wirkt und behält nicht.
> Ist das Werk vollbracht,
> so verharrt er nicht dabei.
> Und eben weil er nicht verharrt,
> bleibt er nicht verlassen.

道恒无名，
Dao heng wuming,

朴虽细，
pu sui xi,

天地弗敢臣.
tiandi fu gan chen.

侯王如能守之，
Houwang ru neng shou zhi,

万物将自宾.
wanwu jiang zi bin.

天地相会也，以逾甘露.
Tiandi xiang hui ye, yi yu gan lu.

民莫之命而自均安，
Min mo zhi ming er zi jun an,

始制有名.
shi zhi you ming.

名亦既有，
Ming yi ji you,

夫亦将知止.
fu yi jiang zhi zhi.

知止所以不殆.
Zhi zhi suoyi bu dai.

譬道之在天下也，
Pi Dao zhi zai tianxia ye,

犹小谷之与江海.
you xiao gu zhi yu jianghai.

Das Tao ist ewig und namenlos,
wenn auch winzig und schlicht,
so wagt man auf Erden nicht, darüber zu verfügen.
Wenn die Fürsten es bewahren,
neigt sich ihnen alles von selber zu.

Himmel und Erde finden einander, und so fällt süßer Tau.
Niemand befiehlt dem Volk, so ist es ausgewogen und friedlich.
Wenn man zu regeln beginnt, gibt es Namen.
Gibt es jedoch Namen,
muss man lernen, innezuhalten.
Wer innezuhalten weiß, der kennt keinen Schaden.

Das Tao auf Erden gleicht den Wassern des Tals,
die ihren Weg in die Ströme und Meere finden. (1.10)

Kommentar

Der Text lässt sich verschieden auf Zeilen aufteilen, er weist hie und da Varianten auf. Dies alles tut aber der Eindeutigkeit des Verständnisses keinen Abbruch.

Wir entnehmen dem Anfang alsbald den Adressaten, es sind die Herrscher der Welt. Zwischen der Regierung und der Natur besteht ein Zusammenhang. Das unsichtbare Band ist das Tao. Dieses hat gestaltlos zu sein, denn sonst wäre es nicht konstant und trüge einen Namen.

Ein Name bietet die Möglichkeit des Zugriffs und damit der Beherrschbarkeit. Was beherrschbar ist, kann nicht seiner Neigung folgen, sondern ist Spielball der Launen von Einzelnen.

Um gestaltlos zu sein, hat das Tao winzig und »unbearbeitet« (pu朴) zu sein. Es ist dann ganz Natur, die ohne Eingriff von außen dem folgt, was in ihr »so ist, wie es ist« (ziran自然).

Zu beachten ist auch der sexuelle Unterton im Bild einer Vereinigung von Himmel und Erde, er wird uns noch weiter beschäftigen.

Richard Wilhelm übersetzt das entsprechende Kapitel des *textus receptus* (XXXVII) folgendermaßen:

Der SINN ist ewig ohne Machen,
und nichts bleibt ungemacht.
Wenn Fürsten und Könige ihn zu wahren verstehen,
so werden alle Dinge sich von selber gestalten.
Gestalten sie sich und es erheben sich die Begierden,
so würde ich sie bannen durch namenlose Einfalt.
Namenlose Einfalt bewirkt Wunschlosigkeit.
Wunschlosigkeit macht still,
und die Welt wird von selber recht.

有状混成，
You zhuang hun cheng,

先天地生，
xian tiandi sheng,

寂寥独立不改，
jiliao duli bu gai,

可以为天下母.
keyi wei tianxia mu.

未知其名，
Wei zhi qi ming,

字之曰道，
zi zhi yue Dao,

吾强为之名曰大.
wu qiang wei zhi ming yue da.

大曰溃，
Da yue kui,

溃曰远，
kui yue yuan,

远曰反.
yuan yue fan.

天大，地大，道大，王亦大．
Tian da, di da, Dao da, wang yi da.

国中有四大焉，王居一焉．
Guo zhong you si da yan, wang ju yi yan.

人法地，
Ren fa di,

地法天，
di fa tian,

天法道，
tian fa Dao,

道法自然．
Dao fa ziran.

Da ist ein Zustand, der sich im Chaos vollendete,
der vor Himmel und Erde entstand,
er ist still, für sich und unveränderbar,
er kann der Welt Mutter sein.
Man kennt seinen Namen nicht,
man gibt ihm das Zeichen Tao.
Wir heißen es aus Not groß.

Groß heißt brandend,
brandend heißt fern,
fern heißt zurückkehren.

Der Himmel ist groß, die Erde ist groß, das Tao ist groß, so ist der König auch groß.
Im Reiche gibt es vier Dinge, die groß sind, dazu zählt der König.

Wer herrscht, richtet sich nach der Erde,
die Erde richtet sich nach dem Himmel,
der Himmel richtet sich nach dem Tao,
das Tao richtet sich nach dem, was so ist, wie es ist. (1.11)

Kommentar

Die Zeichen des Textes sind an einigen Stellen unterschiedlich gedeutet worden. Ich habe mich für eine in sich stimmige Lösung entschieden. Es geht hier um eine kleine Schöpfungsgeschichte.

Gemeinhin sagt man, dass China keinen Schöpfungsmythos kenne bzw. erst mit dem frühen Mittelalter entwickelt habe. Das ist nicht falsch. Andeutungsweise, wenn auch ohne Schöpfer, scheint es aber doch Erzählungen gegeben zu haben, welche die Entstehung der Welt zumindest als Thema angerissen haben.

Hier ist zunächst von einem Zustand, einer Form, die Rede, die sich als das Tao entpuppt. Dieses Tao steht nicht am Anfang, sondern ist aus dem Urchaos hervorgegangen. Es emaniert und kehrt zu sich selber wieder zurück. Mit Himmel und Erde teilt es seine Größe, obwohl es doch größer als beide sein müsste. Gleichwohl teilt es seine Größe auch mit dem König, so dass dank Herrschaft über die Welt eine Einheit von Kosmos, Natur und Macht gegeben ist.

Erst im letzten Teil erfahren wir, dass dem Tao mehr zusteht als den »vier Großen«, zu denen es ebenfalls gerechnet zu werden scheint. Dies hängt damit zusammen, dass nur das Tao aus sich das ist, was es ist (ziran 自然). Alle anderen drei – derjenige, der zur Herrschaft berufen ist (ren 人), die Erde und der Himmel – haben sich auf etwas zu stützen, was sie, wenn auch ein Teil davon, nicht selbst sind.

Richard Wilhelm übersetzt das entsprechende Kapitel des *textus receptus* (XXV) folgendermaßen:

> Es gibt ein Ding, das ist unterschiedslos vollendet.
> Bevor der Himmel und die Erde waren, ist es schon da,
> so still, so einsam.
> Allein steht es und ändert sich nicht.
> Im Kreis läuft es und gefährdet sich nicht.
> Man kann es nennen die Mutter der Welt.
> Ich weiß nicht seinen Namen.

Ich bezeichne es als SINN.
Mühsam einen Namen ihm gebend,
nenne ich es: groß.
Groß, das heißt immer bewegt.
Immer bewegt, das heißt ferne.
Ferne, das heißt zurückkehrend.
So ist der SINN groß, der Himmel groß, die Erde groß,
und auch der Mensch ist groß.
Vier Große gibt es im Raume,
und der Mensch ist auch darunter.
Der Mensch richtet sich nach der Erde.
Die Erde richtet sich nach dem Himmel.
Der Himmel richtet sich nach dem SINN.
Der SINN richtet sich nach sich selber.

天地之间，
Tiandi zhi jian,

其犹橐籥与？
qi you tuoyue yu?

虚而不屈，
Xu er bu qu,

动而愈出。
dong er yu chu.

Zwischen Himmel und Erde
geht es zu wie bei einem Blasebalg.
Leer mag er sein und ist doch niemals ausgeblasen,
bewegt man ihn, umso mehr bewirkt er Lebendiges. (1.12)

Kommentar

Dies ist ein großes und bekanntes Bild. Bilder dieser Art machen den philosophischen Taoismus so reizvoll. Die Einsicht in das Wesen des Blasebalgs ist mit der obigen Einsicht in das Wesen des Tales vergleichbar. Beide bieten auf Grund ihrer Leere »alles« und sind daher nicht zu erschöpfen.

Wir könnten uns Himmel und Erde gleichsam als die Griffe des Blasebalges vorstellen. Deren Interaktion macht es möglich, dass sich das Leben zwischen beiden Polen nie erschöpft.

Das Leben selbst ist die geheime Botschaft dieses Spruchgutes, es hat unaufhörlich neu reproduziert zu werden. Möglich ist dies nur, weil das, was sich als Wind über alles segensreich legt, sich aus sich selbst so wieder zu erneuern in der Lage ist wie ein Blasebalg, der dank seiner Leere ganz Fülle werden kann.

Es ist dies das Wechselspiel von Fülle und Leere, welches in der chinesischen Philosophie, Ästhetik, Malerei etc. eine so große Rolle spielt.

Richard Wilhelm übersetzt das entsprechende Kapitel des *textus receptus* (V) folgendermaßen:

> Himmel und Erde sind nicht gütig.
> Ihnen sind die Menschen wie stroherne Opferhunde.
> Der Berufene ist nicht gütig.
> Ihm sind die Menschen wie stroherne Opferhunde.
> Der Zwischenraum zwischen Himmel und Erde
> ist wie eine Flöte,
> leer und fällt doch nicht zusammen;
> bewegt kommt immer mehr daraus hervor.
> Aber viele Worte erschöpfen sich daran.
> Besser ist es, das Innere zu bewahren.

至虚恒也，
Zhi xu heng ye,

守中笃也.
shou zhong du ye.

万物并作，
wanwu bing zuo,

居以须复也.
ju yi xu fu ye.

天道云云，
Tiandao yunyun,

各复其根.
ge fu qi gen.

Zur Leere zu gelangen heißt, zur Ewigkeit zu gelangen,
die Mitte zu hüten heißt, konstant zu bleiben.
Die zehntausend Dinge entfalten sich Seite an Seite,
wir verweilen und erwarten ihre Wiederkehr.
Der Weg des Himmels ist mannigfach,
alles wendet sich zu seiner Wurzel zurück. (1.13)

Kommentar

Die kleine Schöpfungsgeschichte geht weiter. Leere heißt Potenzialität, und diese ist auf Dauer angelegt. Alles, was aus seiner Potenzialität heraustritt und konkret wird, unterliegt dem Kreislauf: Es gedeiht, vergeht und kehrt mit der neuen Jahreszeit wieder zurück.

Die Rückkehr zur Wurzel können wir bildlich und abstrakt verstehen. Ein fallendes Blatt zum Beispiel kehrt zu seiner Wurzel zurück, gleichzeitig erlaubt es, im Winter die Knospe vorbereiten zu helfen. Das Blatt, das sich im Frühling entfaltet, ist zwar neu, gleichzeitig aber auch alt, da es nach demselben Prinzip reproduziert worden ist.

Der Mensch braucht nicht einzugreifen, er soll einfach abwarten und zuschauen. Das Tao des Himmels (Tiandao 天道) wird schon alles richten.

Der Text ist unterschiedlich rekonstruiert worden. Andere Lesarten wären zwar möglich, tun sich in der Sache jedoch nicht viel.

Richard Wilhelm übersetzt das entsprechende Kapitel des *textus receptus* (XVI) folgendermaßen:

> Schaffe Leere bis zum Höchsten!
> Wahre die Stille bis zum Völligsten!
> Alle Dinge mögen sich dann zugleich erheben.
> Ich schaue, wie sie sich wenden.
> Die Dinge in all ihrer Menge,
> ein jedes kehrt zurück zu seiner Wurzel.
> Rückkehr zur Wurzel heißt Stille.
> Stille heißt Wendung zum Schicksal.
> Wendung zum Schicksal heißt Ewigkeit.
> Erkenntnis der Ewigkeit heißt Klarheit.
> Erkennt man das Ewige nicht,
> so kommt man in Wirrnis und Sünde.
> Erkennt man das Ewige,
> so wird man duldsam.
> Duldsamkeit führt zur Gerechtigkeit.
> Gerechtigkeit führt zur Herrschaft.
> Herrschaft führt zum Himmel.
> Himmel führt zum SINN.
> SINN führt zur Dauer.
> Sein Leben lang kommt man nicht in Gefahr.

其安也，易持也．
Qi an ye, yi chi ye.

其未兆也，易谋也．
Qi wei zhao ye, yi mou ye.

其脆也，易判也．
Qi cui ye, yi pan ye.

其微也，易散也．
Qi wei ye, yi san ye.

为之於其无有也，
Wei zhi yu qi wu you ye,

治之於其未乱．
zhi zhi yu qi wei luan.

合[抱之木
He [bao zhi mu

生於毫]末．
sheng yu hao] mo.

九成之台，
Jiu cheng zhi tai,

作[於累土]．
zuo [yu lei tu].

[百仞之高，
Bai ren zhi gao,

始於]足下．
shi yu] zu xia.

Was in sich ruht, liegt leicht auf der Hand.
Was ohne Omen ist, wird leichter Plan.
Was zerbrechlich ist, ist leicht zu brechen.
Was winzig ist, zerstreut sich leicht.

Tue es, wenn es noch nicht erschienen ist.
Lenke es, wenn noch kein Chaos herrscht.

Ein Baum, den wir messend umfassen,
erwächst aus dem kleinsten Teil.
Ein Söller, neunfach hoch,
erhebt sich aus einem Haufen Sand.
Eine Höhe von hundert Fuß
beginnt bei den Zehen. (1.14)

Kommentar

Der Text ist korrupt und erlaubt daher viele unterschiedliche Rekonstruktionen. Die Übersetzung ist somit nur ein Vorschlag.

Die ersten vier Zeilen sind nahezu perfekt parallel gestaltet und werden von der Partikel *ye* eingerahmt, die den Charakter von Pausenzeichen und von Bestätigung hat. Ähnliches gilt für die beiden folgenden Zeilen. Der Rest dagegen ist rekonstruiert und erlaubt keine formalen Erkenntnisse.

Der schöne Text ist nicht einfach zu verstehen. Es geht wohl um die Beherrschung der Welt. Noch bevor diese sich entwickelt hat, hat sie von der Potenz der Dinge auszugehen. Da alles im Kleinen seinen Ausgang nimmt, hat der Mensch entsprechend seine Obacht auf das Unscheinbare zu richten. Denn was sich noch nicht entfaltet hat, ist leicht zu handhaben. Was jedoch seine Potenz ausgeschöpft hat, kann in ein Chaos umschlagen, das einen verschlingt.

Richard Wilhelm übersetzt das entsprechende Kapitel des *textus receptus* (LXIV) folgendermaßen:

> Was noch ruhig ist, läßt sich leicht ergreifen.
> Was noch nicht hervortritt, läßt sich leicht bedenken.
> Was noch zart ist, läßt sich leicht zerbrechen.
> Was noch klein ist, läßt sich leicht zerstreuen.
> Man muß wirken auf das, was noch nicht da ist.
> Man muß ordnen, was noch nicht in Verwirrung ist.
> Ein Baum von einem Klafter Umfang

entsteht aus einem haarfeinen Hälmchen.
Ein neun Stufen hoher Turm
entsteht aus einem Häufchen Erde.
Eine tausend Meilen weite Reise
beginnt vor deinen Füßen.
Wer handelt, verdirbt es.
Wer festhält, verliert es.

Also auch der Berufene:
Er handelt nicht, so verdirbt er nichts.
Er hält nicht fest, so verliert er nichts.
Die Leute gehen an ihre Sachen,
und immer wenn sie fast fertig sind,
so verderben sie es.
Das Ende ebenso in acht nehmen wie den Anfang,
dann gibt es keine verdorbenen Sachen.

Also auch der Berufene:
Er wünscht sich Wunschlosigkeit.
Er hält nicht wert schwer zu erlangende Güter.
Er lernt das Nichtlernen.
Er wendet sich zu dem zurück, an dem die Menge vorübergeht.
Dadurch fördert er den natürlichen Lauf der Dinge
und wagt nicht zu handeln.

知之者弗言，言之者弗知.
Zhi zhi zhe fu yan, yan zhi zhe fu zhi.

闭其兑，
Bi qi dui,

塞其门，
sai qi men,

和其光，
he qi guang,

同其尘，
tong qi chen,

挫其锐，
cuo qi rui,

解其纷，
jie qi fen,

是谓玄同.
shi wei xuan tong.

故不可得而亲，
Gu bu ke de er qin,

亦不可得而疏.
yi bu ke de er shu.

不可得而利，
Bu ke de er li,

亦不可得而害.
yi bu ke de er hai.

不可得而贵，
Bu ke de er gui,

亦不可得而贱.
yi bu ke de er jian.

故为天下贵.
Gu wei tianxia gui.

Wer etwas weiß, der spricht nicht drüber. Wer drüber spricht, der weiß von nichts.

Man schließe seine Augen,
man versperre seinen Mund,
man hüte sein Licht,
man mache sich gemein mit der Welt,

man mache alles Scharfe stumpf,
man löse alle Konfusion,

so lässt sich von mystischer Gemeinschaft reden.

Daher kann einem niemand nahekommen,
auch niemand ferne sein.
Es kann ihm niemand Nutzen bringen
und auch kein Schaden tun.
Niemand kann ihn erhöhen,
niemand erniedrigen.

Daher ist er der wahre Edle auf Erden. (1.15)

Kommentar

Der Text wirkt widersprüchlich. Der Sprecher spricht zu uns, kaum dass er gesagt hat, ein Wissender spreche niemals, und jedem, der spreche, gehe das wahre Verständnis ab. Doch anscheinend kann die Leserschaft nur in die höchsten Mysterien eingeweiht werden, wenn jemand bereit ist, die selbst auferlegte Regel zu verletzen.

Der Text wird unterschiedlich rekonstruiert, er ist aber dennoch eindeutig, auch wenn hie und da Dinge der Erläuterung bedürfen. Das Binom *heguang* zum Beispiel meint so viel wie das Licht unter seinen Scheffel stellen, das heißt, mit seinen Gaben nicht protzend an die Öffentlichkeit treten. Oder *tong chen*, sich mit der Welt gemein machen, dürfte so viel bedeuten wie sich im Staub der Welt verborgen halten.

Wer die Gegensätze aufhebt, gelangt zu einer mystischen Gemeinschaft mit der Welt, das heißt zu einer Einheit mit dem Tao. Wer im Tao ruht, ist notwendigerweise »geadelt« (gui). Und da sind wir wieder bei obigem Widerspruch. Denn zwei

Zeilen zuvor hatte es ja geheißen, dass der wahre Mensch niemals erhöht (gui 贵) werden könne.

Diese Widersprüchlichkeit macht die Besonderheit des chinesischen Denkens aus, das sich gern ein und derselben Worte mit jeweils unterschiedlicher Konnotation bedient.

Richard Wilhelm übersetzt das entsprechende Kapitel des *textus receptus* (LVI) folgendermaßen:

> Der Wissende redet nicht.
> Der Redende weiß nicht.
> Man muß seinen Mund schließen
> und seine Pforten zumachen,
> seinen Scharfsinn abstumpfen,
> seine wirren Gedanken auflösen,
> sein Licht mäßigen,
> sein Irdisches gemeinsam machen.
> Das heißt verborgene Gemeinsamkeit (mit dem SINN).
> Wer die hat, den kann man nicht beeinflussen durch Liebe
> und kann ihn nicht beeinflussen durch Kälte.
> Man kann ihn nicht beeinflussen durch Gewinn
> und kann ihn nicht beeinflussen durch Schaden.
> Man kann ihn nicht beeinflussen durch Herrlichkeit
> und kann ihn nicht beeinflussen durch Niedrigkeit.
> Darum ist er der Herrlichste auf Erden.

以正治邦，
Yi zheng zhi bang,

以奇用兵，
yi qi yong bing,

以亡事取天下.
yi wu shi qu tianxia.

吾何以知其然也?
Wu heyi zhi qi ran ye?

夫天下多忌讳而民弥叛,
Fu tianxia duo jihui er min mi pan,

民多利器而邦滋昏.
min duo li qi er bang zi hun.

人多智而奇物滋起,
Ren duo zhi er qi wu zi qi,

法物滋章盗贼多有.
fa wu zi zhang daozei duo you.

是以圣人之言曰:
Shi yi shengren zhi yan yue:

我无事而民自富,
Wo wu shi er min zi fu,

我亡为而民自化,
wo wu wei er min zi hua,

我好静而民自正,
wo hao jing er min zi zheng,

我欲不欲而民自朴.
wo yu bu yu er min zi pu.

Auf die rechte Art ein Land regieren,
auf listige Art Truppen in die Schlacht schicken,
und, ohne sich zu befleißigen, das Erdreich gewinnen.

Wie weiß ich, dass dem so ist?

Wenn es unter dem Himmel viele Verbote gibt, wird das Volk umso mehr rebellieren,
wenn das Volk viele scharfe Waffen besitzt, gerät das Land umso mehr in Not.
Wenn der Adel viele Schliche kennt, umso mehr wird es wundersame Ereignisse geben,

wenn mehr Ritualgefäße auftauchen, wird es viele Räuber geben.

Das nimmt der Heilige zum Anlass für die folgenden Worte:

Ohne mich zu befleißigen, kommt das Volk von selbst zu Wohlstand,
ohne einzugreifen, wird das Volk sich von selber wandeln,
ich ziehe die Stille vor, und das Volk kommt von selbst auf den rechten Weg,
ich begehre, nicht zu begehren, und das Volk bescheidet sich von selbst. (1.16)

Kommentar

Dies ist ein schöner Beleg für die Tatsache, dass das *Daodejing* zu Zwecken der guten Herrschaft diente. Voraussetzung einer guten Herrschaft ist das Prinzip des Geschehenlassens (wuwei). Wer etwas macht, macht bereits zu viel.

So wie dieser Gedanke hier unterbreitet wird, erscheint uns der Ansatz aus heutiger Sicht zu idealistisch. Doch in der Praxis haben chinesische Herrscher sich oftmals nach diesem Ansatz verhalten. Dies kann selbst bis in die Gegenwart hinein gelten.

Der Text ist großenteils parallel aufgebaut und signalisiert damit seinen oralen Charakter. Das Binom *fawu* (法物) bietet gewisse Schwierigkeiten. Es bedeutete ursprünglich ein Ritualgefäß, welches von Herrschern zur Ausübung religiöser Praktiken verwendet worden ist, konnte dann aber auch allgemein Geräte zu Zwecken religiöser Handlungen bezeichnen. Was ist dann aber im Kontext mit den Räubern gemeint? Wir müssen uns die *fawu* als wertvoll vorstellen, sowohl materiell wie ideell. Im Kampfe der damaligen Reiche um die Vorherrschaft diente ein Opfergerät auch der Machtdemonstration nach außen. Viele Fürsten werden daher ein solches für sich in Anspruch genommen und entsprechend Räuber auf den Plan gerufen haben.

Richard Wilhelm übersetzt das entsprechende Kapitel des *textus receptus* (LVII) folgendermaßen:

> Zur Leitung des Staates braucht man Regierungskunst,
> zum Waffenhandwerk braucht man
> außerordentliche Begabung.
> Um aber die Welt zu gewinnen,
> muß man frei sein von Geschäftigkeit.
> Woher weiß ich, daß es also mit der Welt steht?
> Je mehr Dinge es in der Welt gibt, die man nicht tun darf,
> desto mehr verarmt das Volk.
> Je mehr die Menschen scharfe Geräte haben,
> desto mehr kommen Haus und Staat ins Verderben.
> Je mehr die Leute Kunst und Schlauheit pflegen,
> desto mehr erheben sich böse Zeichen.
> Je mehr die Gesetze und Befehle prangen,
> desto mehr gibt es Diebe und Räuber.
>
> Darum spricht ein Berufener:
> Wenn wir nichts machen,
> so wandelt sich von selbst das Volk.
> Wenn wir die Stille lieben,
> so wird das Volk von selber recht.
> Wenn wir nichts unternehmen,
> so wird das Volk von selber reich.
> Wenn wir keine Begierden haben,
> so wird das Volk von selber einfältig.

含德之厚者，
Han de zhi hou zhe,

比於赤子.
bi yu chizi.

蚰蚕虫蛇弗蜇，
You chai chong she fu zhe,

攫鸟猛兽弗扣，
jueniao mengshou fu kou,

骨弱筋柔而握固.
gu ruo jin rou er wo gu.

未知牝牧之合，阳怒，
Wei zhi pinmu zhi he, yang nu,

精之至也.
jing zhi zhi ye.

终日呼而不嗄，
Zhongri hu er bu sha,

和之至也.
he zhi zhi ye.

和曰常，
He yue chang,

知和曰明.
zhi he yue ming.

益生曰祥，
Yi sheng yue xiang,

心使气曰强.
xin shi qi yue qiang.

物壮则老，
Wu zhuang ze lao,

是谓不道.
shi wei bu dao.

Wer Wirkkraft in Hülle und Fülle hat,
der gleicht einem Baby.

Hundertfüßler, Skorpione, Insekten und Schlangen vergiften es nicht,
Raubvögel und Bestien greifen es nicht an,
mögen auch die Knochen schwach, die Muskeln weich sein, sein Griff ist fest.
Noch weiß es nichts von Mann und Frau, doch sein Glied regt sich,
seine Manneskraft ist voll da.
Es schreit die ganze Zeit, ohne heiser zu werden,
denn alles Harmonische ist voll entfaltet.

Die Harmonie heißt Beständigkeit,
wer um sie weiß, heißt erleuchtet.
Das Leben zu zwingen heißt, ein böses Omen zu beschwören,
und wenn das Herz dem Odem gebietet, dann heißt das Gewalt.

Was an Stärke wächst, wird alt,
das heißen wir nicht Tao. (1.17)

Kommentar

Der Text basiert auf einer erstaunlichen Beobachtung von Kleinkindern. Diese haben tatsächlich einen festen Griff, und im Falle eines Buben mag auch ihr Glied (yang 阳) schon steif werden. Was in ihnen wirksam ist, das *de* 德, wurde oben mit Wirkkraft statt wie gemeinhin mit Tugend übersetzt.

Thema ist neben dem *de* hier das Tao. Dieses erlangt nur derjenige, der nichts zwingt und überstürzt. In allem liegt das Künftige schon vorbereitet, es wird, wenn seine Zeit gekommen ist, sich von selber voll entfalten. Dies ist, was mit Harmonie (he 和) gemeint ist. Diese Harmonie garantiert ein langes Leben.

Dagegen altert vorschnell, wer meint, auch äußerlich seine Stärke zeigen zu müssen.

Neben Tao, *de* und *he* spielen hier auch das Herz (bzw. der Geist, xin 心) und der Odem (qi 气) eine kleine Rolle. *Qi* und *xin* kommt dagegen erst später ihre wichtige Bedeutung zu.

Der Text erlaubt hie und da andere Rekonstruktionen von Zeichen, die aber inhaltlich die Sachlage nicht verändern.

Richard Wilhelm übersetzt das entsprechende Kapitel des *textus receptus* (LV) folgendermaßen:

> Wer festhält des Lebens Völligkeit,
> der gleicht einem neugeborenen Kindlein:
> Giftige Schlangen stechen es nicht.
> Reißende Tiere packen es nicht.
> Raubvögel stoßen nicht nach ihm.
> Seine Knochen sind schwach, seine Sehnen weich,
> und doch kann es fest zugreifen.
> Es weiß noch nichts von Mann und Weib,
> und doch regt sich sein Blut,
> weil es des Samens Fülle hat.
> Es kann den ganzen Tag schreien,
> und doch wird seine Stimme nicht heiser,
> weil es des Friedens Fülle hat.
> Den Frieden erkennen heißt ewig sein.
> Die Ewigkeit erkennen heißt klar sein.
> Das Leben mehren nennt man Glück.
> Für sein Begehren seine Kraft einsetzen nennt man stark.
> Sind die Dinge stark geworden, altern sie.
> Denn das ist Wider-SINN.
> Und Wider-SINN ist nahe dem Ende.

名与身孰亲?
Ming yu shen shu qin?

身与货孰多?
Shen yu huo shu duo?

得与亡孰病?
De yu wang shu bing?

甚爱必大费,
Shen ai bi da fei,

厚藏必多亡.
hou cang bi duo wang.

故知足不辱,
Gu zhi zu bu ru,

知止不殆,
zhi zhi bu dai,

可以长久.
keyi chang jiu.

Name und Leib, was liegt näher?
Leib oder Hab und Gut, was zählt mehr?
Gewinn und Verlust, was schadet mehr?

Tiefe Sucht bedingt großen Aufwand,
wer viel hortet, hat viel zu verlieren.

Daher wird, wer um das Maß weiß, nie entehrt,
wer innezuhalten weiß, ist nie gefährdet,
lange kann er leben. (1.18)

Weltverneinendes Spruchgut, so mag man meinen. Man könnte auch von einem Aphorismus zur Lebensweisheit sprechen. So oder so sind die Dinge einfach.

Die Sache mit dem Namen spielt auf das Geschichtswerk *Zuozhuan* an, nach welchem ein Mensch durch Tugend, Tat oder das Wort Ruhm (ming) gewinnt.

Das chinesische Denken ist nicht leibfeindlich. Es propagiert ein langes Leben. Dieses ist aber nur möglich, wenn man dem Gegenspiel von Haben und Nichthaben entgeht. Dazu gehört die Kenntnis, was genug ist (zhi zu) und was nicht. Das sollte keine große Sache sein, ist es für die meisten aber dennoch. Und so verdankt sich der Uneinsichtigkeit des Einzelnen dieser Spruch.

Ob Konfuzianismus oder Taoismus, beide Lehren sprachen sich für die Mäßigung der menschlichen Triebe aus. Eine Selbstverwirklichung aller im Menschen schlummernden Wünsche und Begierden, wie sie die Moderne als vollkommene Erfüllung propagiert, war ihnen fremd. Sie sahen eher die »Sittsamkeit« des Einzelnen und der Gemeinschaft gefährdet, wenn den Verlockungen zu sehr nachgegeben wurde. Zu wissen, wann genug ist, zu wissen, wann etwas zu beenden ist, bevor es in sein Gegenteil umschlägt, das gehört zu den großen Lebensmaximen des Chinesen heute noch. Wir können das auch Selbstbescheidung nennen, für die es im abendländischen Denken natürlich viele Parallelen gibt.

Richard Wilhelm übersetzt das entsprechende Kapitel des *textus receptus* (XLIV) folgendermaßen:

> Der Name oder die Person:
> was steht näher?
> Die Person oder der Besitz:
> was ist mehr?
> Gewinnen oder verlieren:
> was ist schlimmer?

Nun aber:
Wer sein Herz an andres hängt,
verbraucht notwendig Großes.
Wer viel sammelt,
verliert notwendig Wichtiges.
Wer sich genügen lässet,
kommt nicht in Schande.
Wer Einhalt zu tun weiß,
kommt nicht in Gefahr
und kann so ewig dauern.

反也者，道动也.
Fan ye zhe, Dao dong ye.

弱也者，道之用也.
Ruo ye zhe, Dao zhi yong ye.

天下之物生於有，
Tianxia zhi wu sheng yu you,

有生於亡.
you sheng yu wu.

In der Rückkehr liegt die Bewegung des Tao.
In der Schwäche liegt der Gebrauch des Tao.

Die Erscheinungen unter dem Himmel entstehen aus dem, was ist,
und das, was ist, entsteht aus dem, was nicht ist. (1.19)

Kommentar

Das Wesen des Tao ist der Kreislauf. Im Kreislauf erleben wir als Betrachtende die Rückkehr von etwas. Das Wesen des Tao ist aber auch seine vermeintliche Schwäche. Nachgiebigkeit erlaubt Beständigkeit, da nichts gebrochen werden kann.

Die Kategorien *you* 有 und *wu* 亡 (hier als alte Schreibweise von wu 无) werden oft mit Sein und Nichtsein übersetzt. Gemeint ist aber mit *wu* etwas, das in sich alle Potenz hat, diese aber nicht an sich realisiert. Die Realisierung von einer möglichen Potenz macht etwas zu etwas Bestimmtem für andere. Es ist dann auf diese eine Erscheinung eingeschränkt. Es ist folglich *you*, etwas, das durch eine bestimmte »Selbstverwirklichung« öffentlich geworden ist. Was sich aber im Äußeren »verwirklicht«, ist nicht mehr alles, sondern nur dieses eine, welches ins Auge fällt.

Es ist das Wechselspiel von *you* und *wu*, welches die Welt der Erscheinungen möglich macht. Da alles Erscheinen aus der Potenz sich entwickeln muss, tritt notwendigerweise das »Seiende« aus dem »Nichts« hervor.

Richard Wilhelm übersetzt das entsprechende Kapitel des *textus receptus* (XL) folgendermaßen:

> Rückkehr ist die Bewegung des SINNS.
> Schwachheit ist die Wirkung des SINNS.
> Alle Dinge unter dem Himmel entstehen im Sein.
> Das Sein entsteht im Nichtsein.

持而盈之，
Chi er ying zhi,

不若已．
bu ruo yi.

湍而群之，
Tuan er qun zhi,

不可长保也．
bu ke chang bao ye.

金玉盈室，
Jinyu ying shi,

莫能守也．
mo neng shou ye.

贵富骄，
Guifu jiao,

自遗咎也．
zi yi jiu ye.

攻遂身退，
Gong sui shen tui,

天之道也．
tian zhi dao ye.

Mit vollen Händen etwas anhäufen
ist weniger gut als innezuhalten.
[Es ist wie mit dem Wasser:] Stürzt es herbei in großer Menge,
kann nichts sich lange behaupten.

Eine volle Schatzkammer
kann niemand schützen.
Mit Hochmut ob Ehre und Reichtum
bringt man sich selbst nur Schaden.

Bei Erfolg ziehe man sich zurück,
das ist das Tao des Himmels. (1.20)

Kommentar

Der Text wird unterschiedlich rekonstruiert, so dass sich von Ausgabe zu Ausgabe verschiedene Zeichen finden. Der Sinn ist jedoch eindeutig. Es geht wieder darum, das Maß zu kennen und auch einzuhalten. Es darf nichts zu viel sein. Deswegen hat alles Tun nach dem Prinzip von Tätigkeit und Rückzug zu erfolgen – ganz so, wie der Himmel bzw. die Natur verfährt. Mal Licht, mal Dunkel, mal heiß, mal kalt, mal groß, mal klein: Nichts kann in nur einer einzigen erreichten Position verharren. Alles ist insofern im Wandel begriffen. Und mit diesem Wandel, der positiv begriffen wird, hat der Einzelne zu gehen.

Richard Wilhelm übersetzt das entsprechende Kapitel des *textus receptus* (IX) folgendermaßen:

> Etwas festhalten wollen und dabei es überfüllen:
> das lohnt der Mühe nicht.
> Etwas handhaben wollen und dabei es immer scharf halten:
> das läßt sich nicht lange bewahren.
> Mit Gold und Edelsteinen gefüllten Saal
> kann niemand beschützen.
> Reich und vornehm und dazu hochmütig sein:
> das zieht von selbst das Unglück herbei.
> Ist das Werk vollbracht, dann sich zurückziehen:
> das ist des Himmels SINN.

Das zweite Buch

治人事天莫若啬.
Zhi ren shi tian mo ruo se.

夫唯啬,是以早服,
Fu wei se, shi yi zao fu,

是谓[重积德.
shi wei [chong ji de.

重积德,则无不克,
Chong ji de, ze wu bu ke,

无]不克则莫知其极,
wu] bu ke ze mo zhi qi ji,

莫知其极,可以有国.
mo zhi qi ji, keyi you guo.

有国之母可以长[久,
You guo zhi mu keyi chang [jiu,

是谓深根固柢,]
shi wei shen gen gu di,]

长生久视之道也.
chang sheng jiu shi zhi Dao ye.

Bei Regierungsgeschäften und beim Dienst am Himmel halte man sich zurück.
Nur wer sich zurückhält, ist beizeiten bereit für das Tao,
das nennt man [sein Charisma wiederholt sammeln.
Wer sein Charisma wiederholt sammelt, überwindet alles, wenn]
er alles überwindet, kennt niemand seine Grenze,
kennt niemand seine Grenze, kann er das Reich besitzen.
Besitzt er die Mutter eines Reiches, kann er ewig [währen,
das nennt man das Tao der tiefen Wurzel, des festen Grundes,]
des langen Lebens und der weiten Sicht. (2.1)

Kommentar

Der Text ist korrupt überliefert und wird daher auf manch andere Art und Weise gelesen. Im Einzelfall bleiben aber Fragen, so zum Beispiel die nach der »Mutter eines Reiches«. Allerdings finden sich Wendungen wie »Mutter der Welt« (tianxia zhi mu, 天下之母) oder »Mutter von Himmel und Erde« (天地之母) anderswo im *textus receptus* (25 und 52). »Mutter« dürfte hier so viel wie »Urgrund« bedeuten.

Die Ausführungen haben einmal mehr mit Herrschaft zu tun. Bei der ersten Wendung *zhi ren* 治人 mag man sich streiten, ob die Herrschaft über den Adel oder allgemein die Herrschaft über den Menschen gemeint ist.

Warum sollte sich ein Herrscher in seinen Dienstgeschäften Zurückhaltung auferlegen? Versteckt ist mit diesem Hinweis das Geschehenlassen, das *wuwei* 无为 gemeint: Man greift nicht (zu sehr) in das ein, was Himmel und Mensch bewegt, sondern lässt alles sich selber regulieren.

Die Zurückhaltung erlaubt entsprechend die innewohnenden, nicht in Anspruch genommenen Kräfte zu mehren, so dass diese indirekt auf die Welt wirken. Nur dadurch entsteht die Möglichkeit, Herrscher über alles zu werden.

Herrschaft auf der Basis des Tao bedeutet jedoch noch mehr, nämlich die Gabe, sein Leben zu verlängern und das Leben in seinen Geheimnissen zu erkennen.

Richard Wilhelm übersetzt das entsprechende Kapitel des *textus receptus* (XLIX) folgendermaßen:

> Bei der Leitung der Menschen und beim Dienst des Himmels
> gibt es nichts Besseres als Beschränkung.
> Denn nur durch Beschränkung
> kann man frühzeitig die Dinge behandeln.
> Durch frühzeitiges Behandeln der Dinge
> sammelt man doppelt die Kräfte des Lebens.
> Durch diese verdoppelten Kräfte des Lebens
> ist man jeder Lage gewachsen.
> Ist man jeder Lage gewachsen,
> so kennt niemand unsere Grenzen.
> Wenn niemand unsere Grenzen kennt,
> können wir die Welt besitzen.

Besitzt man die Mutter der Welt,
so gewinnt man ewige Dauer.
Das ist der SINN der tiefen Wurzel,
des festen Grundes,
des ewigen Daseins
und des dauernden Schauens.

学者日益，
Xuezhe ri yi,

为道者日损，
wei Dao zhe ri sun,

损之又损，
sun zhi you sun,

以至无为也，
yi zhi wuwei ye,

无为而无不为.
wuwei er wu bu wei.

Wer sich des Studiums befleißigt, mehrt [sein Wissen Tag für Tag],
wer das Tao pflegt, mindert [sein Wissen Tag für Tag],
es wird weniger und weniger,
bis nichts mehr zu tun bleibt,
nichts mehr zu tun, und doch ist alles getan. (2.2)

Kommentar

Die dunklen Zeilen des Originals sind wenig nachvollziehbar. Jeder hat hier seine eigene Version der Übersetzung anzubieten. Entsprechend fällt auch die Deutung mal so und mal so aus.

Die obige Übertragung folgte einem traditionellen Verständnis: Wer studiert, häuft totes Wissen an. Wer aber sich auf das Tao einlässt, der befreit sich von all dem, was er (unnütz) gelernt hat, und schafft es schließlich, »ohne« auf ein Studium gerichtetes »Handeln« (wuwei) auszukommen. So regeln sich alle Dinge von selbst. Deswegen kann es heißen, dass ohne ein Tun doch alles getan ist.

Richard Wilhelm übersetzt das entsprechende Kapitel des *textus receptus* (XLVIII) folgendermaßen:

> Wer das Lernen übt, vermehrt täglich.
> Wer den SINN übt, vermindert täglich.
> Er vermindert und vermindert,
> bis er schließlich ankommt beim Nichtsmachen.
> Beim Nichtsmachen bleibt nichts ungemacht.
> Das Reich erlangen kann man nur,
> wenn man immer frei bleibt von Geschäftigkeit.
> Die Vielbeschäftigten sind nicht geschickt,
> das Reich zu erlangen.

绝学无忧.
Jue xue wu you.

唯与诃
Wei yu he,
相去几何?
xiangqu jihe?
美与恶,
Mei yu e,
相去何若?
xiangqu heruo?

人之所畏,
Ren zhi suo wei,
亦不可以不畏.
yi bu keyi bu wei.

Lass ab vom Studium und du hast keinen Kummer mehr.

Ja und Nein, ach,
sind sie einander so fern?
Schön und hässlich,
sind sie einander so fern?

Wer gefürchtet wird,
sollte auch andere fürchten. (2.3)

Kommentar

Die Fachleute sind sich unsicher, ob die erste Zeile wirklich hierher oder nicht besser zum Vorhergehenden gehört und ob die ersten beiden Zeilen des nachfolgenden Textes nicht eher hier den Schluss bilden müssten. Ich habe mich bei der Übersetzung der Mehrheitsmeinung angeschlossen.

Gleichwohl bleibt das Rätsel der Deutung bestehen. Thema ist die Nichtigkeit von Gegensätzen, die lediglich dem normalen Menschen als solche erscheinen, dem Weisen aber nicht. Das wahre Leben ist nur außerhalb von Widersprüchlichem möglich. Das zeigt sehr schön der Schluss. Wer Wert darauf legt, dass andere (der Adel?) ihn fürchten, wird auch selber, um sich behaupten zu können, andere fürchten müssen.

Richard Wilhelm übersetzt das entsprechende Kapitel des *textus receptus* (XX) folgendermaßen, wobei der erste Vers des Urtextes hier dem Schluss von Kapitel 19 im *textus receptus* entspricht:

> Zwischen »Gewiß« und »Jawohl«:
> was ist da für ein Unterschied?
> Zwischen »Gut« und »Böse«:
> was ist da für ein Unterschied?
> Was die Menschen ehren, muß man ehren.
> O Einsamkeit, wie lange dauerst du?
> Alle Menschen sind so strahlend,
> als ginge es zum großen Opfer,
> als stiegen sie im Frühling auf die Türme.
> Nur ich bin so zögernd, mir ward noch kein Zeichen,
> wie ein Säugling, der noch nicht lachen kann,
> unruhig, umgetrieben, als hätte ich keine Heimat.
> Alle Menschen haben Überfluß;
> nur ich bin wie vergessen.
> Ich habe das Herz eines Toren, so wirr und dunkel.
> Die Weltmenschen sind hell, ach so hell;
> nur ich bin wie trübe.
> Die Weltmenschen sind klug, ach so klug;
> nur ich bin wie verschlossen in mir,
> unruhig, ach, als wie das Meer,
> wirbelnd, ach, ohn Unterlaß.
> Alle Menschen haben ihre Zwecke;
> nur ich bin müßig wie ein Bettler.
> Ich allein bin anders als die Menschen:

Doch ich halte es wert,
Nahrung zu suchen bei der Mutter.

人宠辱若惊，
Ren chong ru ruo jing,

贵大患若身.
gui da huan ruo shen.

何谓宠辱?
He wei chong ru?

宠为下也，
Chong wei xia ye,

得之若惊，
de zhi ruo jing,

失之若惊，
shi zhi ruo jing,

是谓宠辱惊.
shi wei chong ru jing.

[何谓贵大患]若身?
[He wei gui da huan] ruo shen?

吾所以有大患者，
Wu suoyi you da huan zhe,

为吾有身.
wei wu you shen.

及吾无身有何[患]?
Ji wu wu shen you he [huan]?

[故贵为身於]为天下，
[Gu gui wei shen yu] wei tianxia,

若可以托天下矣,
ruo keyi tuo tianxia yi,

爱以身为天下,
ai yi shen wei tianxia,

若可以寄天下矣.
ruo keyi ji tianxia yi.

Dem Adel kommen Gunst und Schmach einem Schrecken gleich,
er nimmt großes Übel so ernst wie seinen Leib.

Was nennt man Gunst und Schmach?
Wer Gunst empfängt, erniedrigt sich,
erhält man sie, so ist das ein Schrecken,
verliert man sie, so ist das ein Schrecken,
darum nennt man Gunst und Schmach einen Schrecken.

[Was nennt man »ein großes Übel so ernst nehmen«] wie seinen Leib?
Der Grund, warum wir großes Übel erfahren,
ist, weil wir einen Leib haben.
Welches Übel empfinge ich ohne Leib?

[Daher] kann man demjenigen das Reich überlassen,
[der seinen Leib ernster nimmt als] die Verwaltung des Reiches.
Und wer seinen Leib in seiner Hege und Pflege für das Reich nimmt,
dem scheint man das Reich überlassen zu haben. (2.4)

Kommentar

Der Text ist korrupt und wird von Ausgabe zu Ausgabe anders rekonstruiert. Der obige Übersetzungsversuch kommt nicht ohne Widerspruch daher. Doch manches lässt sich erahnen.

Wer sich von Gunst abhängig macht, verliert an Kraft und

nimmt damit eine niedere Position ein. Noch schlimmer kommt es, wenn man von anderen sich schmähen lässt, statt darüberzustehen. Deswegen wird das Gegensatzpaar Gunst und Schmach allgemein zu einem Schrecken.

Auslöser für den genannten Schrecken ist die Leiblichkeit des Menschen. Der Leib ist daher durchaus ernst zu nehmen, aber besser wäre es, ohne ihn zu sein, es sei denn man kann ihn so behandeln wie man das Reich behandelt und umgekehrt. Dann blieben beide ohne Schaden.

Richard Wilhelm übersetzt das entsprechende Kapitel des *textus receptus* (XIII) folgendermaßen:

> Gnade ist beschämend wie ein Schreck.
> Ehre ist ein großes Übel wie die Person.
> Was heißt das: »Gnade ist beschämend wie ein Schreck«?
> Gnade ist etwas Minderwertiges.
> Man erlangt sie und ist wie erschrocken.
> Man verliert sie und ist wie erschrocken.
> Das heißt: »Gnade ist beschämend wie ein Schreck«.
> Was heißt das: »Ehre ist ein großes Übel wie die Person«?
> Der Grund, warum ich große Übel erfahre, ist,
> daß ich eine Person habe.
> Habe ich keine Person,
> was für ein Übel könnte ich dann erfahren?
>
> Darum: Wer in seiner Person die Welt ehrt,
> dem kann man wohl die Welt anvertrauen.
> Wer in seiner Person die Welt liebt,
> dem kann man wohl die Welt übergeben.

上士闻道,勤能行于其中.
Shangshi wen Dao, qin neng xing yu qizhong.

中士闻道,若闻若无.
Zhongshi wen Dao, ruo wen ruo wu.

下士闻道,大笑之,
Xiashi wen Dao, da xiao zhi,

弗大笑,不足以为道矣.
fu da xiao, bu zu yiwei Dao yi.

是以建言有之:
Shi yi jian yan you zhi:

明道如昧,
Ming Dao ru mei,

夷道如纇,
yi Dao ru lei,

[进]道如退.
[jin] Dao ru tui.

上德如谷,
Shang de ru gu,

太白如辱,
tai bai ru ru,

广德如不足.
guang de ru buzu.

建德如[偷,
Jian de ru [tou,

质]贞如愉,
zhi] zhen ru yu,

大方无隅.
da fang wu yu.

大器慢成,
Da qi man cheng,

大音希声,
da yin xi sheng,

大象无形.
da xiang wu xing.

道[始无名,
Dao [shi wuming,

善始善成].
shan shi shan cheng].

Bei der Kunde vom Tao vermag der gute Scholar, eifrig mit dem Tao zu gehen.
Bei der Kunde vom Tao wird der durchschnittliche Scholar halb hinhören, halb nicht.
Bei der Kunde vom Tao stößt der gemeine Scholar ein großes Gelächter aus,
lachte er nicht lauthals, dann ließe sich das Tao nicht als das Tao betrachten.

Deshalb gibt es Redeweisen wie diese:

Das lichte Tao wirkt trübe,
das flache Tao wirkt uneben,
das [fortschreitende] Tao wirkt wie auf dem Rückzug.
Die höchste Wirkkraft ist wie ein Tal,
die größte Reinheit ist beschmutzt,
die Wirkkraft, die weit reicht, reicht nicht weit genug.

Wirkkraft mit Halt ist wie [auf unsicherem Grund,
das wirklich] Pure ist wie unrein,
das große Viereck hat keine Kante.

Das große Gerät wird langsam fertig,
der große Klang ist von dünnem Ton,
das große Bild ist ohne Gestalt.

Das Tao [hat von Anfang an keinen Namen,
es versteht sich auf Beginn und Vollendung.] (2.5)

Kommentar

Der Text bietet eine Fülle von philologischen Schwierigkeiten. Er wird daher immer wieder anders gelesen und übersetzt. Die obige Option kann also nur als Lesehilfe genommen werden.

Sentenz und widersprüchliche Logik sind Kennzeichen der Ausführungen. Nach der Logik des Taoismus jedoch schlägt alles, was seinen Höhepunkt erreicht hat, in seinen Gegensatz um. Was also heller als hell ist, wird im Übergang vom Yang zum Yin dunkel. Das ist das natürliche Gesetz von Licht.

Erstaunlich zu Beginn ist die pedantische Einteilung der Schüler des Tao in die unterschiedliche Stufenabfolge ihrer Erkenntnis. Hätte man nicht erwarten dürfen, dass der lachende Taoist der eigentliche Taoist ist?

Für die Ästhetik sind Aussagen wie »das große Bild ist ohne Gestalt« von praktischer Bedeutung gewesen: Während der europäische Maler eine Leinwand so voll wie möglich malt, zeichnet sein chinesischer Kollege nur so wenig auf wie unbedingt nötig, um noch etwas als Bild erkennen zu können. Ähnliches gilt für die Sprache und die Musik.

Richard Wilhelm übersetzt das entsprechende Kapitel des *textus receptus* (XLI) folgendermaßen:

> Wenn ein Weiser höchster Art vom SINN hört,
> so ist er eifrig und tut danach.
> Wenn ein Weiser mittlerer Art vom SINN hört,
> so glaubt er halb, halb zweifelt er.
> Wenn ein Weiser niedriger Art vom SINN hört,
> so lacht er laut darüber.
> Wenn er nicht laut lacht,
> so war es noch nicht der eigentliche SINN.

Darum hat ein Spruchdichter die Worte:
»Der klare SINN erscheint dunkel.
Der SINN des Fortschritts erscheint als Rückzug.
Der ebene SINN erscheint rauh.
Das höchste Leben erscheint als Tal.
Die höchste Reinheit erscheint als Schmach.
Das weite Leben erscheint als ungenügend.
Das starke Leben erscheint verstohlen.
Das wahre Wesen erscheint veränderlich.
Das große Geviert hat keine Ecken.
Das große Gerät wird spät vollendet.
Der große Ton hat unhörbaren Laut.
Das große Bild hat keine Form.«

Der SINN in seiner Verborgenheit ist ohne Namen.
Und doch ist gerade der SINN gut
im Spenden und Vollenden.

闭其门,
Bi qi men,

塞其兑,
sai qi dui,

终身不务.
zhongshen bu wu.

启其兑,
Qi qi dui,

济其事,
ji qi shi,

终身不救.
zhongshen bu jiu.

Die Pforten schließen,
die Löcher zumachen,
da wird das ganze Leben ohne Mühsal sein.

Die Löcher öffnen,
die Sinne auskosten,
da bleibt das ganze Leben ohne Rettung. (2.6)

Kommentar

Die wenigen Zeichen variieren von Text zu Text. Der Sinn ist dennoch eindeutig: Wer nichts durch seine Sinne (dui: Höhle, Sinne) an sich herantragen lässt, wird ein Leben lang in sich ruhen, ohne aus sich herausgehen zu müssen. Doch wer seine Tore öffnet und damit die Welt auf sich nimmt, erlaubt ihr auch, die eigenen Sinne zu verwirren und den ganzen Menschen in Anspruch zu nehmen. Dass da keine Rettung (jiu 救, das entsprechende Zeichen variiert in den Ausgaben) mehr möglich sein soll, mag übertrieben erscheinen, passt aber zur Logik des Taoismus: Wer auch nur ein Haar von sich hergibt, schenkt schon den ganzen Menschen her.

Man beachte die exakte parallele Gestaltung der Verse und Strophen! Hieraus lässt sich leicht der Charakter von Spruchgut ablesen.

Richard Wilhelm übersetzt das entsprechende Kapitel des *textus receptus* (LII) folgendermaßen:

> Die Welt hat einen Anfang,
> das ist die Mutter der Welt.
> Wer die Mutter findet,
> um ihre Söhne zu kennen,
> wer ihre Söhne kennt
> und sich wieder zur Mutter wendet,
> der kommt sein Leben lang nicht in Gefahr.

Wer seinen Mund schließt
und seine Pforten zumacht,
der kommt sein Leben lang nicht in Mühen.
Wer seinen Mund auftut
und seine Geschäfte in Ordnung bringen will,
dem ist sein Leben lang nicht zu helfen.
Das Kleinste sehen heißt klar sein.
Die Weisheit wahren heißt stark sein.
Wenn man sein Licht benützt,
um zu dieser Klarheit zurückzukehren,
so bringt man seine Person nicht in Gefahr,
Das heißt die Hülle der Ewigkeit.

大成若缺，
Da cheng ruo que,

其用不敝．
qi yong bu bi.

大盈若盅，
Da ying ruo zhong,

其用不穷．
qi yong bu qiong.

大巧若拙，
Da qiao ruo zhuo,

大赢若诎，
da ying ruo qu,

大直若屈．
da zhi ruo qu.

Das wahrhaft Vollkommene ist wie ein Mangel,
es nimmt keinen Schaden, wenn es zunutze ist.

Die große Fülle ist wie die Leere,
sie erschöpft sich, wenn sie zunutze ist.

Ein großes Geschick wirkt unbeholfen,
ein großer Gewinn ist wie ein Verlust,
was groß ist in seiner Geradheit, wirkt krumm. (2.7)

Kommentar

Der Text, der ebenfalls in einzelnen Teilen unterschiedlich in Länge und Vokabular rekonstruiert worden ist, gefällt sich in Antinomien. Doch sie sind leicht nachvollziehbar. Das wirklich Vollkommene bedarf des Mangels, um nicht völlig aufgebraucht zu werden. Denn das, was an ihm mangelhaft ist, wird niemandes Interesse finden. So bleibt dieses stets übrig. Dasselbe gilt für die Fülle der Dinge, die Geschicklichkeit eines Menschen, für alles Gerade und jeden Gewinn. Fazit: Alles, was in sich zu einhundert Prozent perfekt ist, wird untergehen. Was aber ein Defizit zu seinem Kern macht, wird lange bleiben.

Richard Wilhelm übersetzt das entsprechende Kapitel des *textus receptus* (XLV) folgendermaßen:

> Große Vollendung muß wie unzulänglich erscheinen,
> so wird sie unendlich in ihrer Wirkung.
> Große Fülle muß wie strömend erscheinen,
> so wird sie unerschöpflich in ihrer Wirkung.
> Große Geradheit muß wie krumm erscheinen.
> Große Begabung muß wie dumm erscheinen.
> Große Beredsamkeit muß wie stumm erscheinen.
> Bewegung überwindet die Kälte.
> Stille überwindet die Hitze.
> Reinheit und Stille sind der Welt Richtmaß.

燥胜寒,
Zao sheng han,

静胜热,
jing sheng re,

清静为天下正.
qingjing wei tianxia zheng.

善建者不拔,
Shan jian zhe bu ba,

善抱者不脱,
shan bao zhe bu tuo,

子孙以其祭祀不辍.
zisun yi qi jisi bu chuo.

修之身,其德乃真,
Xiu zhi shen, qi de nai zhen,

修之家,其德有余,
xiu zhi jia, qi de you yu,

修之乡,其德乃长,
xiu zhi xiang, qi de nai zhang,

修之邦,其德乃丰,
xiu zhi bang, qi de nai feng,

修之天下,[其德乃溥.
xiu zhi tianxia, [qi de nai pu.

以家观]家,
yi jia guan] jia,

以乡观乡,
yi xiang guan xiang,

以邦观邦,
yi bang guan bang,

以天下观天下.
yi tianxia guan tianxia.

吾何以知天[下然?
Wu heyi zhi tian [xia ran?

以此].
yi ci].

Das Trockene überkommt das Kalte,
das Stille überkommt das Warme,
das Ruhende lässt die Welt recht sein.

Was gut gegründet ist, lässt sich nicht ausreißen,
was gut geborgen ist, lässt sich nicht nehmen,
die Nachfahren opfern und opfern ohne Ende.

Pflege den Leib, und die Wirkkraft wird echt sein,
pflege das Heim, und die Wirkkraft wird überzählig sein,
pflege die Heimat, und die Wirkkraft wird wachsen,
pflege die Lande, und die Wirkkraft wird reich sein,
pflege das Reich, [und die Tugend wird weit reichen.

Betrachte mit dem Heim] das Heim,
mit der Heimat die Heimat,
mit dem Land das Land,
mit dem Reich das Reich.

Wie weiß man vom Reich? [Man weiß es
durch dieses]. (2.8)

Kommentar

Der Text, der parallel strukturiert ist und abrupt endet, ist unterschiedlich überliefert und in Teilen rekonstruiert. Das Obige ist daher nur als ein möglicher Vorschlag zu betrachten.

Auffällig ist die Nähe zu einer bekannten konfuzianischen Auffassung von der Ordnung der Welt. Diese hat bei sich selbst zu beginnen und führt dann über die Familie zur Ordnung im Land (bang 帮) und auf Erden (tianxia 天下). Neu – allerdings in der Logik liegend – ist hier lediglich die Erwähnung der Heimat (xiang 乡), was auch als »Dorf« oder mit »auf dem Lande« übersetzt werden könnte.

Die Anordnung der Spruchweisheiten wirkt etwas willkürlich. Wir bekommen gleichsam von allem etwas geboten. Da ist einmal zu Beginn die Aufhebung von Eigenschaften durch ihr Gegenstück, was an die Lehre der Fünf Agenzien (wuxing 五行) erinnert. Da ist die Lebensweisheit vom festen Grund, aber da ist ebenfalls der Hinweis auf die Ahnenopfer, die nicht abreißen wollen. Auch Letzteres ist eher ein konfuzianischer Gedanke.

Während uns die Sache mit der Wirkkraft (de 德, ebenso übersetzt als Charisma, Tugend) einsichtig erscheint, gibt uns die Sache mit der Betrachtung von Dingen aus den Dingen selbst ein Rätsel auf. Vielleicht ist hier das Folgende gemeint: In allem ist etwas wirksam tätig, und dieses können wir nur nach der einem jeden Ding eigenen Wirkkraft erkennen. Das Heim nach der Maßgabe von Heimat zu betrachten, ginge dementsprechend nicht an.

Richard Wilhelm übersetzt das entsprechende Kapitel des *textus receptus* (LIV) folgendermaßen:

> Was gut gepflanzt ist, wird nicht ausgerissen.
> Was gut festgehalten wird, wird nicht entgehen.
> Wer sein Gedächtnis Söhnen und Enkeln hinterläßt,
> hört nicht auf,
> Wer seine Person gestaltet, dessen Leben wird wahr.

Wer seine Familie gestaltet, dessen Leben wird völlig.
Wer seine Gemeinde gestaltet, dessen Leben wird wachsen.
Wer sein Land gestaltet, dessen Leben wird reich.
Wer die Welt gestaltet, dessen Leben wird weit.

Darum: Nach deiner Person beurteile die Person des andern.
Nach deiner Familie beurteile die Familie der andern.
Nach deiner Gemeinde beurteile die Gemeinde der andern.
Nach deinem Land beurteile das Land der andern.
Nach deiner Welt beurteile die Welt der andern.
Wie weiß ich die Beschaffenheit der Welt?
Eben durch dies.

Das dritte Buch

太上下知有之，
Taishang xia zhi you zhi,

其次亲誉之，
qici qin yu zhi,

其次畏之，
qici wei zhi,

其次侮之.
qici wu zhi.

信不足焉有不信.
Xin bu zu yan you bu xin.

犹乎其贵言也，
You hu qi gui yan ye,

成事遂功，
chengshi sui gong,

而百姓曰我自然也.
er baixing yue wo ziran ye.

故大道废安有仁义?
Gu da Dao fei an you ren yi?

六亲不和安有孝慈?
Liuqin bu he an you xiaoci?

邦家混乱安有正臣?
Bangjia hunluan an you zheng chen?

Das Volk auf Erden kennt von den Besten an der Spitze nur ihre Existenz.
Wer an zweiter Stelle folgt, empfängt seine Zuneigung und seinen Preis.
Wer an dritter Stelle steht, ist seiner Scheu sicher.
Wer aber an letzter Stelle rangiert, muss mit seiner Verachtung rechnen.

Wer ihm [dem Volk] nicht vertraut, dem schenkt man kein Vertrauen.

[Daher] wäge die Worte,
vollende das Tun, habe Erfolg.
Dann sagt das Volk: Das geschieht alles aus sich selbst.

Daher, wenn das große Tao verworfen ist, wie gäbe es da keine Mitmenschlichkeit und Rechtlichkeit?
Wenn in der Familie Unfrieden herrscht, wie gäbe es da keine Pietät?
Wenn das Reich in Unordnung ist, wie gäbe es da keine aufrechten Minister? (3.1)

Kommentar

Der Text ist durchwachsen und wirkt in sich nicht sehr schlüssig. Der Eingang ist bekannt: Bei einer guten Regierung zeigt das Volk keinerlei Interesse an den Herrschenden. Es ist ihm gleich, wer regiert, und es kennt somit seinen obersten Herrn nicht. Ist die Staatsführung weniger perfekt, aber immer noch gut genug, dann gehen oben und unten miteinander versöhnlich um. Problematisch wird das Zusammenspiel der Kräfte erst, wenn der Fürst auf seine Macht pocht, dann werden die Untertanen im besten Falle nur Ehrfurcht oder gar Furcht kennen. Jede andere Form der Regierung macht das Volk apathisch. Dies ist eine Sicht der Dinge, die erstaunlich zeitgemäß ist.

Eine gute Regierung basiert auf dem Tao, und wenn sie wie das Tao wirkt, dann scheint alles von selbst zu geschehen, ohne dass groß gehandelt werden müsste. Im Deutschen sprechen wir in einem solchen Falle von »der Laden läuft von alleine«.

Mitmenschlichkeit (ren) und Rechtlichkeit (yi), die Vorstellung von aufrechten Ministern und von Pietät sind natürlich konfuzianische Tugenden. Von ihnen kann erst die Rede sein, wenn in einem Gemeinwesen nichts mehr von sich aus erfolgt, sondern über alles verfügt wird und es demgemäß zu Gesetzesverletzungen kommt.

Dass wir gegen Ende konfuzianische Prinzipien in einem Zug mit taoistischen Maximen genannt bekommen, lässt den Rückschluss zu, für die Zeit des Urtextes des Lao Zi keinen allzu großen Gegensatz zwischen der Lehre des Lao Zi und des Konfuzius ansetzen zu dürfen.

Richard Wilhelm übersetzt die entsprechenden Kapitel des *textus receptus* (XVIII) folgendermaßen:

> Herrscht ein ganz Großer,
> so weiß das Volk kaum, daß er da ist.
> Mindere werden geliebt und gelobt,
> noch Mindere werden gefürchtet,
> noch Mindere werden verachtet.
> Wie überlegt muß man sein in seinen Worten!
> Die Werke sind vollbracht, die Geschäfte gehen ihren Lauf,
> und die Leute denken alle:
> »Wir sind frei.« (XVII)
>
> Geht der große SINN zugrunde,
> so gibt es Sittlichkeit und Pflicht.
> Kommen Klugheit und Wissen auf,
> so gibt es die großen Lügen.
> Werden die Verwandten uneins,
> so gibt es Kindespflicht und Liebe.
> Geraten die Staaten in Verwirrung,
> so gibt es die treuen Beamten.

执大象，天下往.
Zhi da xiang, tianxia wang.

往而不害，安平大.
Wang er bu hai, anping da.

乐与饵，过客止.
Yue yu er, guoke zhi.

故道［之出言］，
Gu Dao [zhi chu yan],

淡呵其无味也.
dan a qi wu wei ye.

视之不足见，
Shi zhi bu zu jian,

听之不足闻，
ting zhi bu zu wen,

而不可既也.
er bu ke ji ye.

Nimm das große Tao, das Reich wird zu dir kommen.
Es kommt und ist ohne Schaden, groß wird der Frieden sein.

Musik und Leckereien: Da bleiben die Passanten.
Daher ist das Tao [wenn ausgesprochen,]
matt, ja, und ohne Geschmack.

Schaue es, und du wirst es nicht sehen,
höre es, und du wirst es nicht hören.
Nichts kann es erschöpfen. (3.2)

Kommentar

Die meisten Übersetzer ziehen für das Binom *daxiang* 大象 die Übersetzung »das große Bild« vor. Das ist nicht falsch. *Daxiang* hat viele verschiedene Bedeutungen. Zunächst meint es das Hexagramm im *Buch der Wandlungen,* dann meint es das Tao, schließlich meint es Gestirne und in diesem Sinne auch Omen. Es ist ebenfalls das Bild, welches die Sterne auf die Erde werfen, was dem Betrachter die Möglichkeit gibt, Rückschlüsse auf das himmlische Geschehen zu ziehen.

Natürlich steht das *Daodejing* unter dem Einfluss des *Yijing*, aber der Text legt eigentlich eine andere Deutung nahe, denn es geht ja um Herrschaft, um den Frieden im (Welt-)Reich. Und so finden wir auf der chinesischen Seite durchaus die Auffassung, *daxiang* meine hier nichts anderes als das große Tao, die Ordnung der Welt.[1]

Bei »Musik und Leckereien« dürfen wir uns vielleicht sakrale Handlungen in einem Tempel vorstellen, die Fremde dazu bewegen, sich anzusiedeln.

Auch wenn das Tao als etwas Großes bezeichnet wird, so gibt es sich nur im Unscheinbaren zu erkennen. Eigentlich darf es nicht ausgesprochen werden, wird es aber doch benannt, so scheint es seine Wirkung zu verfehlen, der Kundige aber weiß, dass in dem matten Eindruck (dan 淡), den es macht, und in seiner Geschmacklosigkeit (wu wei 无味) das eigentliche Geheimnis begriffen liegt.

Eine Auffassung wie diese hat die chinesische Ästhetik bis in den Alltag der Küche hinein tief geprägt. Das in manchen Regionen von China bevorzugte »geschmacklose« Essen zum Beispiel ist, wie schon gesagt, ihr beispielhaftester Ausdruck.

Was sich nicht schmecken lässt, lässt sich natürlich auch weder sehen noch hören und ergründen schon gar nicht.

Richard Wilhelm übersetzt das entsprechende Kapitel des *textus receptus* (XXXV) folgendermaßen:

> Wer festhält das große Urbild,
> zu dem kommt die Welt.
> Sie kommt und wird nicht verletzt,
> in Ruhe, Gleichheit und Seligkeit.

---

[1] Luo Zhufeng (Hg.): Hanyu da cidian. Shanghai: Hanyu da cidian 2006, Bd. 2b, S. 1371a.

Musik und Köder:
Sie machen wohl den Wanderer auf seinem Wege anhalten.
Der SINN geht aus dem Munde hervor,
milde und ohne Geschmack.
Du blickst nach ihm und siehst nichts Sonderliches.
Du horchst nach ihm und hörst nichts Sonderliches.
Du handelst nach ihm und findest kein Ende.

君子居则贵左,
Junzi ju ze gui zuo,

用兵则贵右.
yong bing ze gui you.

故曰:兵者[不祥之器也.
Gu yue: bing zhe [buxiang zhi qi ye.

不]得已而用之.
Bu] de yi er yong zhi.

恬淡为上.
Tiandan wei shang.

弗美也.
Fu mei ye.

美之是乐杀人.
Mei zhi shi le sha ren.

夫乐[杀不可]以得志於天下.
Fu le [sha bu ke] yi dezhi yu tianxia.

故吉事上左,
Gu ji shi shang zuo,

丧事上右.
sang shi shang you.

是以偏将军居左，
Shi yi pian jiangjun ju zuo,

上将军居右.
shang jiangjun ju you.

言以丧礼居之也.
Yan yi sang li ju zhi ye.

故杀[人众]则以哀悲莅之，
Gu sha [ren qun] ze yi ai bei li zhi,

战胜则以丧礼居之.
zhansheng ze yi sang li ju zhi.

Der Edle achtet daheim die linke Seite,
bei Gebrauch der Waffe achtet er die rechte Seite.
Daher heißt es: Waffen sind Geräte mit bösem Omen.
Man mache von ihnen Gebrauch nur in der Not.
Man setze Friedlichkeit an die höchste Stelle.

Keiner halte Waffen für schön!
Wer sie für schön hält, erfreut sich daran, Menschen zu töten.
Und wer sich [am Töten] erfreut, [kann keine] Genugtuung auf Erden finden.

Daher achte man in glücklichen Dingen die linke Seite,
bei traurigen Anlässen die rechte Seite.
Daher steht der kleine General auf der linken Seite
und der große General auf der rechten.
Das nennt man eine Aufstellung nach dem Trauerzeremoniell.

Daher, wenn viele getötet werden, dann nahe man ihnen in Trauer,
und wenn ein Sieg errungen wird, dann wohne man ihnen gemäß den Trauerriten bei. (3.3)

Kommentar

Der Text weicht in seiner Überlieferung und Rekonstruktion von Ausgabe zu Ausgabe ab. Die Unterschiede berühren jedoch nicht die Inhalte.

Die Sache mit links und rechts scheint merkwürdig. Doch dazu sollte man das Folgende wissen: Im chinesischen Altertum verband sich zunächst die Vorstellung von Yin mit rechts und von Yang mit links. Yang ist das Leben, Yin ist der Tod. Daher achtete man links mehr als rechts. Später, nämlich nach der Zeit der Streitenden Reiche (403–221), sah man die Angelegenheit anders herum: Man schätzte rechts und nahm links weniger wichtig.

Ansonsten spricht der Text für sich. Aktuell scheint jedoch hier der Gedanke zu sein, dass Kriegsführung und Trauerfeierlichkeiten zusammengehören. Der Gegner wäre also in seinem Tod zu achten. Besser noch wäre jede Schlacht zu meiden.

Richard Wilhelm übersetzt das entsprechende Kapitel des *textus receptus* (XXXI) folgendermaßen:

> Waffen sind unheilvolle Geräte,
> alle Wesen hassen sie wohl.
> Darum will der, der den rechten SINN hat,
> nichts von ihnen wissen.
> Der Edle in seinem gewöhnlichen Leben
> achtet die Linke als Ehrenplatz.
> Beim Waffenhandwerk
> ist die Rechte der Ehrenplatz.
> Die Waffen sind unheilvolle Geräte,
> nicht Geräte für den Edlen.
> Nur wenn er nicht anders kann, gebraucht er sie.
> Ruhe und Frieden sind ihm das Höchste.
> Er siegt, aber er freut sich nicht daran.
> Wer sich daran freuen wollte,
> würde sich ja des Menschenmordes freuen.
> Wer sich des Menschenmordes freuen wollte,

kann nicht sein Ziel erreichen in der Welt.
Bei Glücksfällen achtet man die Linke als Ehrenplatz.
Bei Unglücksfällen achtet man die Rechte als Ehrenplatz.
Der Unterfeldherr steht zur Linken,
der Oberführer steht zur Rechten.
Das heißt, er nimmt seinen Platz ein
nach dem Brauch der Trauerfeiern.
Menschen töten in großer Zahl,
das soll man beklagen mit Tränen des Mitleids.
Wer im Kampfe gesiegt,
der soll wie bei einer Trauerfeier weilen.

为之者败之,
Wei zhi zhe bai zhi,

执之者失之.
zhi zhi zhe shi zhi.

圣人无为,故无败也.
Shengren wuwei, gu wu bai ye.

无执,故[无失也].
Wu zhi, gu [wu shi ye].

慎终若始,则无败事矣.
Shen zhong ruo shi, ze wu bai shi yi.

人之败也恒於其且成也,败之.
Ren zhi bai ye heng yu qi qie cheng ye, bai zhi.

是以[圣]人欲不欲,不贵难得之货.
Shi yi [sheng] ren yu bu yu, bu gui nan de zhi huo.

学不学,复众之所过.
Xue bu xue, fu zhong zhi suo guo.

是以能辅万物之自然,而弗敢为.
Shi yi neng fu wanwu zhi ziran, er fu gan wei.

Wer handelt, der unterliegt,
wer hält, verliert.
Der Heilige greift nicht ein, daher unterliegt er nicht.
Er hält nicht fest, daher verliert er nicht.

Umsichtig am Ende wie zu Beginn, und man unterliegt nicht.
Wenn jemand unterliegt, unterliegt er bei der Vollendung, so ist das immer.
Daher begehrt der Heilige, nie zu begehren, und nicht achtet er schwer erhältliche Güter.
Er lernt zu verlernen, und so macht er wieder gut, wo alles fehlgeht.

Daher kann er allen Erscheinungen zu sich verhelfen, ohne einen Eingriff zu wagen. (3.4)

Kommentar

Hier erfahren wir erneut die bekanntesten Thesen zum Umfeld von *wuwei*, zum Thema, die Dinge geschehen zu lassen, ohne in sie einzugreifen. Allem wohnt etwas inne, das geachtet werden will. Wer darauf Rücksicht nimmt, verhilft den Dingen zu ihrem Sosein (ziran 自然), zu ihrer Natur. Das gilt für die Dinge ebenso wie für die Menschen.

Dafür empfiehlt sich als Voraussetzung die Fähigkeit, Verzicht zu leisten und seine Triebe (yu 欲) nicht weiter zu befriedigen. Aber dazu gehört auch, Abschied von dem Erlernten zu nehmen, denn Lernen (xue 学) bedeutet nach taoistischer Auffassung, seine wahre Natur zu verlieren und in einem »Apparat« aufzugehen, der Zivilisation heißt. Warum dieses Kapitel teils den gleichen Wortlaut hat wie Kapitel 1.6, ist unklar.

Richard Wilhelm übersetzt das entsprechende Kapitel des *textus receptus* (LXIV) folgendermaßen:

Was noch ruhig ist, läßt sich leicht ergreifen.
Was noch nicht hervortritt, läßt sich leicht bedenken.
Was noch zart ist, läßt sich leicht zerbrechen.
Was noch klein ist, läßt sich leicht zerstreuen.
Man muß wirken auf das, was noch nicht da ist.
Man muß ordnen, was noch nicht in Verwirrung ist.
Ein Baum von einem Klafter Umfang
entsteht aus einem haarfeinen Hälmchen.
Ein neun Stufen hoher Turm
entsteht aus einem Häufchen Erde.
Eine tausend Meilen weite Reise
beginnt vor deinen Füßen.
Wer handelt, verdirbt es.
Wer festhält, verliert es.

Also auch der Berufene:
Er handelt nicht, so verdirbt er nichts.
Er hält nicht fest, so verliert er nichts.
Die Leute gehen an ihre Sachen,
und immer wenn sie fast fertig sind,
so verderben sie es.
Das Ende ebenso in acht nehmen wie den Anfang,
dann gibt es keine verdorbenen Sachen.

Also auch der Berufene:
Er wünscht sich Wunschlosigkeit.
Er hält nicht wert schwer zu erlangende Güter.
Er lernt das Nichtlernen.
Er wendet sich zu dem zurück, an dem die Menge vorübergeht.
Dadurch fördert er den natürlichen Lauf der Dinge
und wagt nicht zu handeln.

Anhang:
Das Große Eine
brachte das Wasser hervor

Das Große Eine brachte das Wasser hervor (太一生水)

太一生水，
Taiyi sheng shui,

水反辅太一，
shui fan fu Taiyi,

是以成天.
shi yi cheng tian.

天反辅太一，
Tian fan fu Taiyi,

是以成地.
shi yi cheng di.

天地［复相辅］也，
Tian di [fu xiang fu] ye,

是以成神明.
shi yi cheng shenming.

神明复相辅也，
Shenming fu xiang fu ye,

是以成阴阳.
shi yi cheng Yin Yang.

阴阳复相辅也，
Yin Yang fu xiang fu ye,

是以成四时.
shi yi cheng si shi.

四时复［相］辅也，
Si shi fu [xiang] fu ye,

是以成沧然.
shi yi chen cang ran.

沧然复相辅也，
Cang ran fu xiang fu ye,

是以成湿燥.
shi yi cheng shi zao.

湿燥复相辅也,
Shi zao fu xiang fu ye,

成岁而止.
cheng sui er zhi.

Das Große Eine brachte das Wasser hervor,
das Wasser wandte sich dem Großen Einen zu und unterstützte es,
so wurde der Himmel.
Der Himmel wandte sich dem Großen Einen zu und unterstützte es,
so wurde die Erde.
Himmel und Erde [unterstützten einander],
und so wurden die Götter.
Die Götter unterstützten einander,
und so wurden Yin und Yang.
Yin und Yang unterstützten einander,
und so wurden die vier Jahreszeiten.
Die vier Jahreszeiten unterstützten [einander],
und so wurde es warm und kalt.
Das Warme und das Kalte unterstützten einander,
und so wurde es feucht und trocken.
Das Feuchte und das Trockene unterstützten einander,
und so wurde das Jahr, und damit war alles beendet.

故岁者,
Gu sui zhe,

湿燥之所生也.
shi zao zhi suo sheng ye.

湿燥者,
Shi zao zhe,

沧然之所生也.
cang ran zhi suo sheng ye.

沧然者，
Cang ran zhe,

四时之所生也.
si shi zhi suo sheng ye.

四时者，
Si shi zhe,

阴阳之所生也.
Yin Yang zhi suo sheng ye.

阴阳者，
Yin Yang zhe,

神明之所生也.
shenming zhi suo sheng ye.

神明者，
Shenming zhe,

天地之所生也.
tian di zhi suo sheng ye.

天地者，
Tian di zhe,

太一之所生也.
Taiyi zhi suo sheng ye.

So entstand das Jahr
aus dem Feuchten und aus dem Trockenen.
Und das Feuchte und das Trockene
entstanden aus dem Warmen und dem Kalten.
Das Warme und das Kalte
entstanden aus den vier Jahreszeiten.
Die vier Jahreszeiten
entstanden aus Yin und Yang.
Yin und Yang
entstanden durch die Götter.
Die Götter
entstanden dank Himmel und Erde.
Himmel und Erde
entstanden durch das Große Eine.

是故太一藏于水,
Shi gu Taiyi cang yu shui,

行於时.
xing yu shi.

周而又 [始,
Zhou er you [shi,

以己为] 万物母.
yi ji wei] wanwu mu.

一缺一盈,
Yi que yi ying,

以己为万物经.
yi ji wei wanwu jing.

此天之所不能杀,
Ci tian zhi suo bu neng shai,

地之所不能埋.
di zhi suo bu neng mai.

阴阳之所不能成,
Yin Yang zhi suo bu neng cheng,

君子知此之谓 [道?].
junzi zhi ci zhi wei [Dao?].

Daher hält sich das Große Eine im Wasser verborgen,
es geht mit den vier Jahreszeiten.
Wenn der Kreis vollendet ist, [beginnt es wieder,
es versteht sich als] Mutter aller Erscheinungen.
Einmal Leere, einmal Fülle,
es sieht sich als Norm aller Erscheinungen.
Dieses kann der Himmel nicht schmälern,
die Erde nicht verdecken,
Yin und Yang nicht entstehen lassen,
der Edle nennt es [Tao?].

天道贵弱，
Tiandao gui ruo,

削成者以益生者，
xue chengzhe yi yi shengzhe,

伐於强，
fa yu qiang,

责於[…]．
ze yu […].

下，土也，
Xia, tu ye,

而谓之地．
er wei zhi di.

上，气也，
Shang, qi ye,

而谓之天．
er wei zhi tian.

道亦其字也，
Dao yi qi zi ye,

请问其名．
qing wen qi ming.

以道从事者，
Yi Dao congshi zhe,

必托其名，
bi tuo qi ming,

故事成而身长．
gu shi cheng er shen chang.

圣人之从事，
Shengren zhi congshi,

亦託其名，
yi tuo qi ming,

故攻成而身不伤．
gu gong cheng er shen bu shang.

天地名字并立．
Tian di mingzi bingli.

故过其方，
Gu guo qi fang,

不思想［当：天不足］於西北，
bu si xiang [dang: tian bu zu] yu xibei,

其下高以强．
qi xia gao yi qiang.

地不足於东南，
Di bu zu yu dongnan,

其上［…不足於上］者，
qi shang [...bu zu yu shang] zhe,

有余於下．
you yu yu xia.

不足於下者，
Bu zu yu xia zhe,

有余於上．
you yu yu shang.

Das Tao des Himmels achtet das Schwache,
es entfernt das Vollendete, um das Werdende zu bereichern,
es zieht gegen das Starke zu Felde
und straft [...]

Unten ist das Land,
und man nennt es Erde.
Oben ist der Odem,
und man nennt ihn Himmel.
Das Tao trägt auch einen Namen,
man erfrage seinen Namen.
Wer sich mit Hilfe des Tao befleißigt,
muss sich dessen Namen anvertrauen,
so vollendet sich sein Werk und sein Leib währt lange.
Wenn der Heilige sich befleißigt,
vertraut er sich auch dessen Namen an,
daher vollendet sich sein Werk und sein Leib nimmt keinen Schaden.

Die Namen von Himmel und Erde stehen nebeneinander.
Daher, geht man fehl in ihrem Bereich,
so lässt sich nichts [Passendes] denken:
[Der Himmel reicht nicht hin] im Nordwesten,
was unter ihm ist, ist hoch wegen seiner Stärke.
Die Erde reicht nicht hin im Südosten,
was da hochragt, [genügt nicht dem da oben],
so bleibt unten etwas übrig.
Und wenn etwas nicht dem da unten genügt,
dann lässt es oben etwas übrig.

Kommentar

Diese Weise von der Entstehung der »Welt« gehört nicht eigentlich zum Korpus des Urtextes des Lao Zi, sie wurde aber im selben Grab von Guodian gefunden, überdies gibt sie Parallelen zum *Daodejing* zu erkennen, insbesondere zu Kapitel 42.

Die Überlieferung und die Deutung des Textes geben einige bis heute ungelöste Schwierigkeiten auf. Besonders gegen Schluss finden sich Teile, die nicht gut zugeordnet werden können und daher in einigen Ausgaben einfach weggelassen werden. Auch der Gegenstand, das Große Eine, lässt sich schwerlich fassen. *Taiyi* 太一, auch 大一 geschrieben, hat nämlich nicht eine, sondern viele Bedeutungen, die von den jeweiligen Zeitläuften und dem damaligen Verständnis abhängen. Mit dem Großen Einen hat man wohl zunächst einen Gott bezeichnet, der sich bis 1500 v. Chr. zurückverfolgen lässt. Er scheint sich aus Vogel und Drache zusammenzusetzen und als höchster Gott am Himmel angesiedelt worden zu sein. Doch zur Zeit der ausgehenden Antike, also zu der Zeit, da ja unser Text anzusetzen ist, steht das Große Eine für das Tao, ja, es lässt sich gar sagen, dass zwischen *Taiyi*, dem Tao und dem *Taiji*, dem Allerhöchsten, gar kein Unterschied mehr besteht und diese drei »Termini« durcheinander gebraucht werden. Das Binom *Taiyi* kommt bei Lao Zi nicht vor, die obige Weltentstehungslehre klingt jedoch in einzelnen Kapiteln des *Daodejing* nach. Als Übersetzung schlägt übrigens das größte Chinesisch-deutsche Lexikon für die klassische chinesische Sprache (Rüdenberg/Stange 1924ff.) »große Einheit, Weltall, Polarstern« vor.[1]

Unklarheit herrscht auch über das Binom *shenming* 神明, welches lexikalisch gesehen seit dem *Buch der Wandlungen zunächst* alle Gottheiten zwischen Himmel und Erde bezeichnet. Dann meint es seit Zhuang Zi die geistige Welt des Menschen und seit Xun Zi den höchsten moralisch erreichbaren Zustand des Einzelnen. Die chinesische Philologie schlägt hier jedoch eine andere Lesart vor, welche eher zu passen scheint: entweder Sonne (ming) und Mond (shen) oder Yin und Yang, Himmel und Erde, Wasser und Feuer.[2] Am ehesten leuchtet der erste Vorschlag ein, vor allem wenn man bedenkt, dass mit Sonne und Mond auch die Götter von Sonne und Mond gemeint sein könnten.

Ein drittes Problem stellt die Sache mit dem Namen dar. Bekanntlich kennt das Tao keinen Namen. Die chinesische Philologie versucht hier alles Mögliche, um eine Logik in die Aussagen hineinzubekommen.[3] Doch die Spitzfindigkeiten vermögen mich nicht zu überzeugen. Da wir es hier ja ohnehin nicht mit einem echten taoistischen Text zu tun haben, sondern mit einem, welcher Lao Zi nahezustehen scheint, wären Abweichungen im Verständnis eher zu erwarten als auszuschließen.

Ein viertes Problem ergibt sich den Philologen aus dem Verständnis von *qing hun* 青昏, was gemeinhin in *qingwen* 请问 (»darf ich fragen?«) aufgelöst wird, wie auch oben geschehen.

---

[1] Ulrich Unger: Grundbegriffe der altchinesischen Philosophie. Ein Wörterbuch für die klassische Periode. Darmstadt: Wissenschaftliche Buchgesellschaft 2000, S. 11. Unger weist darauf hin, dass *Taiyi* mehr über sich sagt als das Tao, welches ja nicht weiter bestimmt ist. Das »Eine« dagegen macht zumindest eine wichtige konkrete Aussage über sein Wesen.

[2] Li Ling: Guodian Chu-jian jiaodu ji. Peking: Renmin Daxue 2007, S. 46–49.

[3] Ebd., S. 49–52.

Der Text gibt jedoch keine Antwort, also wäre diese Bitte nur rhetorisch zu verstehen?

Ein letztes Problem ist in dem Schluss zu sehen. Es handelt sich dabei um ein Fragment, in welches niemand so recht einen Sinn hineinbekommt und welches daher manchmal unübersetzt bleibt. Entsprechend unbeholfen fiel meine Übersetzung aus. Hintergrund ist hier wohl der mythologische Kampf von Gong Gong und Zhuan Xu um die Weltherrschaft. Nach seiner Niederlage hat Ersterer vor Zorn den Himmelspfeiler gerammt und damit Himmel und Erde in eine Schieflage gebracht, und zwar im Nordwesten den Himmel und im Südosten die Erde, mit der Folge, dass nach chinesischer Vorstellung die Gestirne Richtung Westen ziehen und die Wasser Richtung Osten.[4] Allerdings ist dieser Mythos erst später im Werk des Huainan Zi (175?–122) überliefert worden.

[4] Wolfgang Münke: Die klassische chinesische Mythologie. Stuttgart: Klett 1976, bes. S. 224 f.

Index der wichtigsten Namen, Zeichen und Begriffe

Adel s. ren
Ahnen(opfer), sie stehen am Beginn der chinesischen Gesellschaft und Zivilisation
Amoralität, Kennzeichen der Lehre von Laotse
Antinomie, Stilprinzip des *Daodejing*
Baby, Ideal der Regression im Taoismus
Begehren s. yu
Bewegung s. dong
Blasebalg, Sinnbild der Funktion von Leere
Böse, das (e, 恶), hat als Gegenstück das Gute und das Schöne, ist, wenn auf das Äußere eines Menschen bezogen, als hässlich zu verstehen
Charisma s. de
Dao (Tao) 道, Grundprinzip im Taoismus, Konfuzianismus und Buddhismus mit jeweils anderem Inhalt (Sein, Moral, Buddhaschaft)
Daodejing (Tao Te King) 道德经
Daxiang 大象 steht u.a. stellvertretend für das Tao
De (Charisma, Wirkkraft, »Tugend«) 德, wichtiger Begriff der chinesischen Philosophie, meint bei Lao Zi die Kraft, die vom Tao ausgeht und in dem Menschen zur Wirkung kommt, der zum Herrschen bestimmt ist
Di (Erde) 地, bildet mit Mensch und Himmel die Einheit der Drei Potenzen (sancai)
Dong (Bewegung) 动, bildet den Kontrast zu Stille
Dunkle, das s. xuan

Eine, das Große s. Taiyi
Erde s. di
Fawu (Ritualgefäß) 法物, Mittel der Begegnung mit den Ahnen und Ausdruck der Macht
Fluss, Symbol für die Stärke des Wassers in Raum und Zeit
Fülle s. ying
Fünf Agenzien s. wuxing
Gen (Wurzel) 根, der Grund der Welt
Genügsamkeit s. zhizu
Geschmacklosigkeit s. wuwei
Gestalt(werdung), durch die Interaktion von Yin und Yang gewinnt alles seine Gestalt. Diese sollte nach taoistischer Lehre nicht allzu ausgeprägt sein
Gong Gong (mythologische Gestalt des Schöpfungsmythos)
Große Eine, das s. Taiyi
Gute, das (shan 善), hat als Gegenstück das Böse und das Hässliche. Bei Lao Zi geht es um die Überwindung beider Positionen.
Heilige, das, verweist auf das mythische Element im Taoismus
Heilige, der s. shengren
Himmel s. tian
Himmelsweg s. tiandao
Huainan Zi (der Meister von Huainan) 淮南子, fasste die taoistische Philosophie seiner Zeit zu einem Synkretismus zusammen
Jing (Ruhe) 静, bildet den Gegenpol zu Bewegung (dong)
Konfuzianismus, Name für die systematisierte und erweiterte Lehre des Konfuzius seit der Han-Zeit
Konfuzius (Kong Zi) 孔子, Begründer der chinesischen Sittlichkeit und Erziehung
Kong (Leere) 空, Grundprinzip des Taoismus und der chinesischen Ästhetik, Gegenstück zu Fülle (ying)
Kong Zi (Meister Kong, d. h. Konfuzius) 孔子, s. Konfuzius
Laotse (Lao Zi) 老子, wohl legendäre Gestalt, der das *Daodejing* zugeschrieben wird

Leere s. kong, xu
Lernen s. xue
Li (Vorteil u. a.) 利, Ziel der Herrscher zur Zhou-Zeit
Maß, das Maß wissen s. zhi zu
Meng Zi (Meister Meng) 孟子, geistiger Schüler des Konfuzius, systematisierte die Lehre seines geistigen Meisters
Miao (Mysterium) 妙, der innere Kern des Taoismus
Min (Volk) 民, Gegensatz zum Adel (ren)
Ming (Name) 名, philosophisches Thema von Taoismus und Konfuzianismus
Mitmenschlichkeit s. ren
Mutter s. tianxia zhi di, tianxia zhi mu
Mysterium s. miao, weimiao
Name s. ming
Natur s. ziran
Neokonfuzianismus, Lehre der Song- und Ming-Dynastie unter buddhistischem Einfluss
Nichtstun (eig. geschehen lassen) s. wuwei
Pietät s. xiao
Potenzialität, die allem Sein innenwohnende, aber unrealisierte Möglichkeit seiner Gestaltwerdung
Pu (schlicht) 朴, das, was ungestaltet ist, als Ideal des Taoismus
Rechtlichkeit s. yi
Ren (Adel) 人, Gegensatz zu Volk (min), bedeutet heute Mensch
Ren (Mitmenschlichkeit) 仁, die Beziehung zweier Personen zueinander
Ruhe, die; Ruhige, das s. jing
Schöpfung(sgeschichte), das Entstehen und Bestehen der Welt ohne Schöpfer
Shengren (der Heilige) 圣人, dank prophetischer Gabe zur Herrschaft berufen
Sida (Vier Große) 四大, das sind Erde, Himmel, Mensch und Tao
Spruchgut, das Material, aus welchem der Ur-Laotse besteht
Taiji (das Allerhöchste) 太极, wo Yin und Yang zusammenfallen

Taiyi (das Große Eine) 太一, eine anderes Wort für das Tao
Tal, Ort der Flüsse und Gewässer
Tao (Dao) 道, unbenennbares Prinzip alles Seins
Taoismus, philosophische und später religiöse Lehre vom Tao
Tian (Himmel) 天, bildet mit Mensch und Erde die drei Potenzen (sancai)
Tiandao (Himmelsweg) 天道, die natürlichen Wege des Himmels
Tiandi zhi di (Mutter von Himmel und Erde) 天地之母
Tianxia (die Welt, das Reich) 天下, die zivilisierte bekannte Welt
Tianxia zhi mu (Mutter der Welt) 天下之母
Vier Große s. sida
Volk s. min
Wanwu (die zehntausend Dinge, die Welt der Erscheinungen) 万物
Wasser, Symbol für die stete Kraft des Kleinen
Weimiao (Mysterium) 微妙, Kern des Geheimnisses allen Seins
Wirkkraft s. de
Wurzel s. gen
Wuwei (geschehen lassen) 无为, philosophisches Prinzip von Herrschaft und Existenz
Wuwei (Geschmacklosigkeit) 无味, höchster Seinszustand der Dinge
Wuxing (Fünf Agenzien) 五行, das Zusammenwirken von Wasser, Feuer, Holz, Metall und Erde
Xiao (Pietät) 孝, konfuzianisches Prinzip der Ehrfurcht vor den Eltern
Xu (leer) 虚, im Gegensatz zu *kong* nichtig
Xuan (das Dunkle) 玄, das Geheimnis des Seins
Xue (Lernen) 学, eig. nachahmen, und zwar das Überlieferte
Xun Zi (Meister Xun) 荀子, geistiger Schüler des Konfuzius, er vollendet die Lehre des geistigen Meisters am Ende der Antike
Yang s. Yin und Yang

Yi (Rechtlichkeit) 义, konfuzianisches Prinzip der Verpflichtung

Yin s. Yin und Yang

Yin und Yang 阴阳, ihre Interaktion von Weiblich und Männlich macht das Tao aus

Ying (Fülle) 盈, Gegenpol zu Leere, Prinzip des Taoismus und der Ästhetik

Yu (Begehren) 欲, Begierde mit meist negativer Konnotation

Zhuan Xu (mythologische Gestalt), Gegenspieler des Gong Gong im Schöpfungsprozess

Zhuang Zi (Meister Zhuang) 庄子, taoistischer Philosoph

Zhi zu (das Maß wissen) 知足, philosophisches Prinzip des Taoismus und Konfuzianismus

Zhizu (Genügsamkeit) 知足, Ideal des Taoismus und Konfuzianismus

Ziran (Natur) 自然, das, was ohne Schöpfer aus sich selbst das ist, was es ist